관계를 배우다

The Path Between Us
An Enneagram Journey to Healthy Relationships

Originally published by InterVarsity Press as 〈The Path Between Us: An Enneagram
Journey to Healthy Relationships〉 by Suzanne Stabile. © 2018 by Suzanne Stabile.
Translated and printed by permission of InterVarsity Press, P.O. Box 1400, Downers
Grove, IL 60515, USA. www.ivpress.com.

This Korean edition copyright © 2018 by Duranno Ministry with permission of
InterVarsity Press

관계를 배우다

지은이 | 수잔 스테빌
옮긴이 | 강소희
초판 발행 | 2018. 12. 19
등록번호 | 제1988-000080호
등록된 곳 | 서울특별시 용산구 서빙고로65길 38
발행처 | 사단법인 두란노서원
영업부 | 2078-3333 FAX | 080-749-3705
출판부 | 2078-3332

책값은 뒤표지에 있습니다.
ISBN 978-89-531-3367-9 03230

독자의 의견을 기다립니다.
tpress@duranno.com www.duranno.com

두란노서원은 바울 사도가 3차 전도 여행 때 에베소에서 성령 받은 제자들을 따로 세워 하나님의 말씀으로 양육
하던 장소입니다. 사도행전 19장 8-20절의 정신에 따라 첫째 목회자를 돕는 사역과 평신도를 훈련시키는 사역,
둘째 세계선교TM와 문서선교단행본·잡지 사역, 셋째 예수문화 및 경배와 찬양 사역, 그리고 가정·상담 사역 등을 감
당하고 있습니다. 1980년 12월 22일에 창립된 두란노서원은 주님 오실 때까지 이 사역들을 계속할 것입니다.

내 인생에서 만난 사람들 더 사랑하기

관계를 배우다

수잔 스테빌 지음 | 강소희 옮김

두란노

Contents

PART 1

장형 또는 분노형

도무지 이해할 수 없는 이 사람,
어떻게 이해해야 할까

PART 2

<u>가슴형 또는 감정형</u>

남에게 보이는 것이 중요한 이 사람,
어떻게 사랑해야 할까

PART 3

머리형 또는 두려움형

두려움을 머리로 이기려는 이 사람, 어떻게 소통해야 할까

●

나와 너무 다른 너

　　나의 남편, 조셉 스테빌은 내가 아는 사람 가운데 단연 최고
다. 그는 30년 이상 나와 함께 살면서 줄곧 마음 좋은 사람이었다.
그럼에도 불구하고 여전히 이 세상에 살면서 내가 그의 행동 방식
을 과연 온전히 이해할 수는 있을지 의문스러울 때가 있다.
　　몇 년 전, 뉴욕에서 댈러스로 향하는 비행기 안에서 우리는 객
실의 한가운데 앉아서 낯선 승객들이 짐을 넣기 위해 비어 있는 선

반을 찾고 있는 모습을 지켜보고 있었다. 비행기에 마지막으로 탑승한 커플도 그랬다. 나이가 좀 있으면서도 온화해 보이는 남자는 여행 가방을 들고서 빈 좌석이 있는지 계속해서 주변을 살폈다. 뒤따라오는 여성은 이런 상황에 약간 겁을 먹은 것 같았다. 둘의 좌석은 따로 떨어져 있었고, 여행 가방도 좌석 아래 두기에는 크기가 약간 컸다. 기내에 달리 둘 만한 곳도 없어 보였다. 승무원이 그들을 도와주려고 했지만 둘 중 누구도 반응을 하지 않았다. 내가 보기에는 분명 영어를 하지 못하는 것 같았다. 하지만 승무원은 대부분의 사람들이 그런 상황에서 보일 법한 반응을 보였다. 곧 좀 더 큰 목소리로 말하기 시작했다.

남편은 두 개 언어를 구사할 줄 아는 이중 언어 사용자였기 때문에 나는 그가 도움을 줄 수 있겠다고 생각했다. 그래서 그의 옆구리를 슬쩍 찌르면서 지금의 상황이 분명 의사소통의 문제임을 알려 주었다. 사실 나는 그가 이 일에 관여해 도움을 줄 것이라고 적잖이 기대했다. 하지만 아무런 소용이 없었다. 그는 승무원이 알아서 할 것이라고 대꾸했다. 그리고 그의 말이 옳았다. 승무원은 노신사의 여행 가방을 앞쪽으로 가져갔고, 고맙게도 누군가 자리를 양보해 주어서 그들은 나란히 앉을 수 있게 되었다. 비행기가 이륙할 때쯤에는 남편도 만족하는 눈치였다. 모두가 괜찮았다. 하지만 나는 괜찮지 않았다.

나는 말로든, 비언어적 표현으로든 의사소통을 잘하는 편이다. 그래서였을까? 내가 그때 아무런 말도 하지 않았음에도 남편은 내가 괜찮지 않다는 것을 알았다. 게다가 그는 절대로 공공연하게 일을 처리하는 사람이 아니었고, 나 또한 쉽게 풀어지는 사람이 아니었기에 우리는 둘 다 그 일이 시간이 필요한 문제라는 것을 알았다.

우리는 집에 돌아와 짐을 풀었고 잠자리에 들었다. 그리고 다음날 아침 인사를 건넨 후 빼곡한 스케줄을 소화했다. 하지만 그 다음날 저녁 식사 자리에서 나는 마음에 품고 있던 말을 슬쩍 꺼냈다. "내가 당신을 이 지구상에서 가장 좋은 사람으로 생각하고 있다는 것은 알고 있죠? 그리고 지금도 그 생각은 변함이 없어요. 하지만 그날 비행기 안에서 분명 통역할 사람이 필요했는데 왜 그 부부를 도와주지 않았는지 설명을 좀 해 주었으면 좋겠어요."

그러자 전형적인 9번 유형인 남편이 대답했다. "솔직히 말해서 도와주어야겠다는 생각이 전혀 들지 않았어요. 그들이 애쓰고 있는 모습이 보이긴 했지만, 그냥 그 일에 끼어들고 싶지 않았어요."

나는 다시 한 번 남편 조와 내가 세상을 보는 방식이 정말 다르다는 것을 깨달았다. 우리 둘 사이에는 상당한 차이점이 있었다. 2번 유형인 나는 이렇게 대답했다. "나 같은 경우, 언제든 도움이 필요한 사람이 누구인지, 그들이 무엇을 필요로 하는지 알고 있어요. 다만 그것을 제공해 줄 준비가 되어 있지 않을 뿐이죠."

이것이 (그리고 이와 비슷한 천 가지 이야기가 더 있다) 내가 이 책을 쓰고 있는 이유이다. 모든 관계는 그것이 정말 중요한 관계이든, 아니면 하찮은 관계이든 통역이 필요하다. 그리고 정말로 진지하게 관계에서의 성숙과 변화에 관심이 있다면, 에니어그램이 가장 유용한 번역기가 되어 줄 수 있을 것이다.

* 에니어그램이 지닌 아름다움

나는 사람들과 어울리는 것을 좋아한다. 사교적이라는 소리도 종종 듣는다. 솔직히 말해 나는 각기 다른 사람들이 가진 매력이 참 좋다. 그것을 잘 찾아내기도 한다. 거의 모든 사람한테서 말이다. 나는 사람들과 이야기하는 것을 좋아한다. 그들과 악수를 하거나 포옹을 하거나 등을 두드려 주는 일이 즐겁다. 게다가 내가 아는 각각의 사람들은 하나같이 내게 신비로운 존재들이다. 그들의 겉모습이 어떠하든지 상관없이 존재 자체가 기적이라고 생각한다. 가장 내 마음을 사로잡는 것은 우리 모두가 다 다르게 행동한다는 것이다.

그러나 내 경험으로는 각기 다른 모습이긴 해도 두 가지 큰 공통점이 있다. 하나는 우리 모두 어딘가에 소속되기를 원한다는 것이다. 또 하나는 우리 삶이 의미 있기를 바란다는 것이다. 이 소속감과 의미를 찾는 일은 누군가(우리가 비슷한 사람일 수도 있고, 종종 전혀 다른 사람일 수도 있다)와 관계를 맺고 유지시키는 우리의 능력에 달려 있다.

삶을 살아가는 방식 가운데 어떤 것들은 시간이 지남에 따라 바뀌기도 하지만 또 다른 것들은 이전과 똑같이 이어진다. 그래서 우리가 그것에 대해 할 수 있는 일이 별로 없는 것만 같기도 하다. 우리는 종종 다른 사람들과 그들이 세상을 바라보는 방식에 대해 절대로 이해하지 못할 수도 있다는 현실에 직면한다. 명심할 것은 그 누구도 우리가 세상을 보는 방식을 바꿀 수는 없다는 것이다. 하지만 남아 있는 선택은 우리의 관점을 조정하려고 노력할 수는 있다는 것이다.

에니어그램은 이 세상을 경험하는 아홉 가지 각기 다른 방식과 삶에 관한 기본적인 질문에 대답하는 아홉 가지 방법이 있다는 것을 알려 준다. "나는 누구일까? 왜 여기 있을까? 왜 나는 이런 방식으로 행동하고 있을까?" 우리가 관계를 맺고 유지하는 방식은 각 번호마다 상당히 다르다. 에니어그램이라는 렌즈를 통해 들여다보면 자기 자신과 타인을 더 잘 이해하고 받아들일 수 있으며, 공감과 연민이 자랄 뿐 아니라, 사람들 사이에 난 길을 따라 헤매지 않고 막힘없이 다닐 수 있을 것이다.

아홉 개의 에니어그램 번호가 지니고 있는, 세상을 바라보는 방식 및 그들의 방식을 이해하는 방법, 그리고 사람들이 자신의 행동을 결정하는 방식을 통해 이 모든 것이 다른 사람들과의 관계에서 어떤 영향을 미치는지 파악하는 일에 이 책이 많은 도움이 될 것이다. 물론 이 책이 관계에 대한 것이기 때문에 깔끔한 모양새가 아닐 수 있다. 본래 인간의 상호작용이란 복잡하고 제멋대로이며 예측할 수 없기 때문이다. 어떤 때는 우리가 옳지만 또 다른 때는 완전히 틀릴 수도 있다. 좋은 소식은 에니어그램의 도움으로 인하여 우리 모두가 잘할 수 있다는 것이다.

* 에니어그램의 유형들

이어지는 장에서 우리는 각각의 번호에 대해 다룰 것이다. 거기에는 관계에 대한 각 번호들의 특성과 유용한 정보들이 포함되어 있다. 각 장에서는 특정 번호가 다른 번호와 어떻게 상호작용하는지 설명한다. 따라서 에니어그램에 대한 일반적인 지식이 도움이 될 것이다. 여기서는 기초에 대한 간략한 설명만 하고자 한다. 아직까지 《나에게로 가는 길》(*The Road Back To You*)을 만나지 못했다면 한번 읽어 보기를 권한다. 그 책은 에니어그램에 대한 놀라운 소개서이자 이 책과 완벽한 짝을 이룬다.

1번 유형은 '완벽주의자'로 불린다. 하지만 그들은 그 타이틀을 마음에 들어 하지 않는다. 1번 유형은 분노를 안고 씨름한다. 하지만 자신의 내면으로 몰입하기 때문에 분노는 곧 원망으로 바뀐다. 1번은 자신이 충분히 괜찮고 가치 있는 존재라는 것을 믿기 힘들어 한다. 자신이 하는 모든 일에서 끊임없이 결점을 찾아내는 내면의 목소리 때문이다. 따라서 이들은 옳고 바른 쪽으로 성격이 형성된다. 1번은 판단하고 비교하는 마음이 있다. 이들은 남들이 보지 못하는 오류를 알아채고 대개는 그것을 바로잡고 고치는 일에 개인적인 책임감을 느낀다. 이들은 업무의 모든 단계가 정확하게 이루어져야 한다고 믿는다. 그래서 모든 일에 최선의 노력을 기울이고, 최선을 다해 일하며, 최선의 것을 제공한다. 그리고 다른 사람들도 똑같이 그러기를 기대한다.

2번 유형은 '조력자' 또는 '주는 사람'이라고 불린다. 이들에게 필요한 것은 자신이 필요한 존재가 되는 것이다. 대개는 무의식적인 동기지만 2번 유형은 때로는 이타적인 이유로, 또 때로는 다시 돌려받을 요량으로 많은 것을 준다. 2번이 어느 장소에 들어가면 그들의 관심은 자동적으로 다른 사람들에게로 향한다. "어떻게 지내셨어요?" "필요한 게 있나요?" "제가 도와드릴 일이 있나요?" 이들의 동기는 다른 사람들의 필요를 감지하고 그것을 채워 주는 것이다. 2번은 그렇게 관계를 형성한다.

3번 유형은 '능력자'로 지칭된다. 이들은 성공적이고, 유능하며, 영향력 있는 사람이 되기를 바랄 뿐 아니라 사람들에게 그렇게 비추어지기를 바란다. 3번은 다른 사람들의 감정은 물론이고 자신의 감정을 읽는 데 있어서도 어려움을 겪는다. 이들은 종종 자신의 분노나 두려움, 슬픔, 실망, 당혹감 같은 감정들을 혼자서 처리할 때까지 숨기고 드러내지 않는다. 3번은 단기 목표 및 장기 목표를 설정하기 좋아하고 대개는 그것을 성취해 낸다. 이들은 우리가 상상조차 하지 못할 일을 이루어내도록 사람들에게 동기를 부여한다. 우리가 승리를 이루었다면 그들이 승리한 것이다.

4번 유형은 '낭만가'로 일컬어진다. 이들은 에니어그램에서 가장 복잡한 유형이다. 이들의 필요는 독특하면서도 동시에 진짜가 되는 것이다. 4번은 자신들의 삶에는 무엇인가 빠졌다고 믿는다. 그래서 그것을 찾아야 한다고 느낀다. 이들은 우울한 감정에 편안함을 느끼고 종종 비극적인 것에서 에너지를 얻는다. 4번은 에니어그램에서 유일하게 무엇인가를 고치지 않고도 고통을 있는 그대로 참아낼 수 있는 유형이다. 이들은 진정성을 가치 있게 여기고 불의를 싫어하기 때문에 사람들과의 만남에서도 자연스럽게 깊은 관계를 이끈다.

5번 유형은 '관찰자' 또는 '탐구자'라고 불린다. 이들은 충분한 자원을 원하기 때문에 누군가에게 기대거나 의지할 필요가 없다. 이들은 모든 유형 중에서 정서적으로 가장 분리되어 있다. 이런 종류의 분리는 5번이 감정을 가질 수도 있고, 또한 감정에서 자유로울 수도 있다는 것을 의미한다. 이들은 정보와 지식의 수집을 통해 두려움을 관리한다. 5번은 매일 제한적이고 정량화된 에너지를 사용하기 때문에 관계에서도 그것을 언제 어떻게 제공할지 매우 신중하다. 이들이 관계에서 자신을 드러내려면 상당히 용감해져야 하는데 그렇게 하는 것이 다른 유형에 비해 아주 힘들기 때문이다.

6번 유형은 '의리파' 또는 '충성된 사람'으로 불린다. 이들에게는 안전하고 확실한 것이 필요하다. 미래에 일어날 수 있는 사건들과 위협으로 만연한 세상, 타인의 불분명한 의제들에 대한 불안감이 마음에 가득 차 있기 때문이다. 이들은 최악의 시나리오를 미리 작성하거나 질서 및 규칙, 계획과 법으로 이런 불안을 처리한다. 이들은 스타가 되길 바라지 않고 그럴 필요도 없다. 단지 자신들의 역할을 잘 수행하고 모두가 그러기를 바랄 뿐이다. 6번의 이런 한결같음과 충성심은 우리가 소중하게 여기는 모든 조직들을 하나로 묶어 주는 접착제가 된다. 이들은 다른 어떤 유형보다도 공동선(common good)에 대해 관심이 많다.

7번 유형은 '열정가' 또는 '미식가'로 지칭된다. 이들은 최선의 가능성을 즐거움으로 삼는다. 고통은 피해야 한다고 생각하는 유형이기 때문에 부정적인 것은 무엇이 되었건 재빨리 긍정적인 것으로 재구성해 버린다. 7번은 자신들이 폭넓은 감정들을 가지고 있다고 스스로를 속인다. 실제로 그들은 삶의 대부분을 행복한 측면에서 견지할 때 살맛을 느끼고 즐거움을 경험한다. 이 말은 곧 반복되는 것은 바람직하지 않고 일상은 재미가 없다는 뜻이다. 또한 7번은 현실을 부정하는 데 선수이며 두려움을 확산시킴으로써 그것을 처리한다. 그러나 이들은 주변 사람들을 격려하고 즐겁게 하는 데 특별한 비법을 가지고 있다. 솔직히 말하자면 7번이 없이는 우리 삶이 별로 즐겁지 않을 것이다.

8번 유형은 '모험가' 또는 '보스'라고 불린다. 이들은 모든 것을 극단적으로 보는 경향을 지닌 독립적인 사상가이다. 좋거나 나쁘거나, 옳거나 그르거나, 친구이거나 적이거나. 분노는 8번이 선택할 수 있는 감정이지만 오래 지속되지는 않는다. 8번은 요구하지는 않지만 상대방이 솔직하기를 바라고 정직한 것을 높이 산다. 이들의 초점은 자신들의 외부에 있으며 항상 약자를 위한다. 이들은 열정적이다! 그 어떤 유형보다도 에너지가 넘치며 자신이 하고 있는 일이나 믿는 것에 모든 것을 쏟는다. 그리고 기꺼이 전력을 다하는 사람들과 가장 가깝게 밀착되어 있다.

9번 유형은 '화해자' 또는 '중재자'라고 할 수 있다. 이들은 에니어그램에서 가장 덜 복잡한 유형이다. 또한 모든 유형 가운데서 가장 적은 에너지를 가지고 있다. 왜냐하면 갈등을 일으킬 소지가 있는 일이라면 어떤 일도 하지 않기 때문이다. 이들은 평화를 앗아갈 만한 것이면 절대로 들이지 않는다. 9번은 자신의 분노를 수동적인 공격성으로 관리하기 때문에 가장 다루기 힘든 유형이다. 이들은 모든 사물의 양면을 볼 줄 아는데 이 특성은 은사이면서 또한 문제를 일으키기도 한다. 일을 미루거나 결정을 내리지 못하게 되기 때문이다. 관계에서 9번은 충실하고 친밀감을 주는 사람들이다. 이들은 다른 사람들과 맞추고 융합하기 위해서 자신의 필요나 의제는 미루어 둔 채 스스로를 잊어버린다.

  * 에니어그램 시스템
  에니어그램은 우리의 지금 모습에서 자신이 희망하는 모습으로 나아가는 과정에서 아주 독특한 것을 제공해 준다. 이 여정을 시작하면서 에니어그램의 역할에 대한 개요를 살펴보도록 하자.
  트라이어드(Triad, 세 개가 짝을 이룬 한 벌): 에니어그램 시스템 안에는 세상을 만나는 세 가지 방법이 있다. 곧 감정, 사고, 행동이다. 아홉 가지 번호는 트라이어드라고 하는 세 개의 그룹으로 나뉜다. 그리고 우리의 트라이어드는 어떤 정보나 상황에 대해 어떻게 대처하는지에 따라 결정된다. 2번, 3번, 4번은 감정이 지배적인 가슴형 트라이어드이다. 그리고 5번, 6번, 7번은 사고의 지배를 받는 머리형 트라이어드이다. 끝으로 행동의 지배를 받는 8번, 9번, 1번

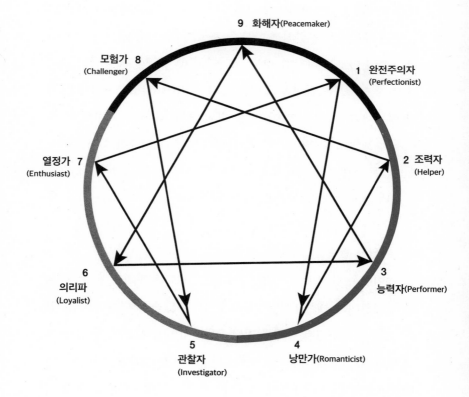

9 화해자(Peacemaker)

모험가 8
(Challenger)

1 완전주의자
(Perfectionist)

열정가 7
(Enthusiast)

2 조력자
(Helper)

6
의리파
(Loyalist)

3
능력자(Performer)

5
관찰자
(Investigator)

4
낭만가(Romanticist)

은 장형 트라이어드이다.

날개, 스트레스, 안전 번호로 이루어진다. 에니어그램의 각 번호는 네 개의 다른 번호들과 역동적인 관계를 가진다. 위 다이어그램에서 화살표로 연결되는 다른 두 번호와 양 옆에 있는 두 번호이다. 이 네 번호는 다양한 행동 패턴에 대한 접근을 제공하는 재료라고 볼 수 있다. 자신의 고정 번호나 동기는 절대로 바뀌지 않지만 행동에 있어서는 영향을 받을 수 있으며, 심지어 그 번호 중 하나처럼 보일 수도 있다. 에니어그램을 배우는 성숙한 학생들이라면 이 네 가지 보조 번호로 이동하는 법을 배울 수도 있다.

네 가지 역동적인 번호는 다음과 같다.

· 날개 번호

이것은 자기 번호의 양 옆에 있는 번호를 지칭한다. 이 번호는 당신의 행동에 중대한 영향을 끼칠 수 있는 능력을 지니고 있다. 예를 들자면 3번 날개를 지닌 4번은 5번 날개를 지닌 4번 유형에 비해 사교적인 측면이 강하다. 반면 5번 날개의 4번은 보다 내향적이고 움츠러드는 경향이 있다. 날개는 일반적으로 그것이 지배적일 때는 행동에 영향을 미치지만 핵심 동기에는 별 영향을 주지 못한다. 양 옆의 번호 중에서 어느 쪽에 더 기대는지 그 정도를 이해하는 것은 자신의 성격을 이해하는 데 매우 중요한 요소이다.

• 스트레스 번호

이것은 당신이 스트레스를 받을 때 나타나는 성격 유형으로 자기 번호에서 화살표가 가리키는 번호를 말한다. 예를 들어 7번이 스트레스를 받게 되면 부정적인 1번의 행동 특성을 보이게 된다. 곧 그들 특유의 느긋함이 없어지고 흑백논리로 들이대기 시작한다. 하지만 스트레스 번호가 반드시 부정적인 이동인 것만은 아니다. 자기 자신을 돌보기 위해서는 스트레스 번호의 행동이 필요할 때도 있다.

• 안전 번호

압박감을 느낄 때 표현되는 스트레스 번호의 특징처럼 안전하다고 느낄 때 나오는 행동 양식도 있다. 곧 앞의 그림에서 화살표를 받게 되는 번호인데 이를 안전 번호라고 지칭한다. 예를 들어 7번이 안정감을 느끼면 5번의 행동 양식을 취한다. 이 말은 곧 자기 필요에 과도하게 집착하지 않고 부족할수록 좋다는 개념을 받아들인다는 것이다. 모든 번호들이 포괄적인 치료를 경험하려면 안전 번호가 지니고 있는 행동 특성이 드러나야 한다.

자세(Stances). 일상적인 표현에서 자세란 우리가 어떻게 서 있는지, 또는 어떤 태도로 살아가는지 설명해 주는 말이다. 에니어그램에서도 마찬가지다. 자세는 여러 가지 경험들에 반응하는 습관적이고 패턴화된 방식 또는 태도를 가리킨다. 이것은 각 번호가 어떻게 행동하는지에 대한 기본 모드이다. 각 장에서는 에니어그램 번호가 가지는 자세가 어떻게 사람들로 하여금 관계를 다루게 하는지에 대해 약간의 통찰력을 제공해 줄 것이다.

공격적인 자세(3번, 7번, 8번)

이들은 다른 사람들을 책임지는 것을 기쁘게 생각하며 자신들의 의제를 최우선으로 둔다. 이들은 독립적으로 자신의 태도를 취하는 것처럼 보이며, 종종 사람들과 맞서는 것처럼 보인다. 이들은 미래의 시간을 지향하고 있다.

순응적인 자세(1번, 2번, 6번)

이들은 다른 사람들이 자신들에게 기대하는 바를 충족하려고 많은 애를 쓴다. 이들은 충실하고 신뢰할 수 있는 사람들이다. 이들은 다른 사람들을 향해 있고, 지향하는 시간의 방향은 현재이다.

움츠러드는 자세(4번, 5번, 9번)

이들은 대부분 수줍음이 많고 내성적이기 때문에 행동이 더디다. 이들은 사람들로부터 멀어지려는 것처럼 보이며 지향하는 시간의 방향은 과거이다.

이제 당신은 얼른 자기 번호를 설명하는 장으로 넘어가서 그 내용을 읽어 보고 싶은 유혹을 느낄 것이다. 그리고 자신과 가장 가까운 사람들의 번호를 찾아보고 싶을 것이다. 나 역시 그랬다. 하지만 나는 당신이 이 책 전체를 읽어 보기를 권한다. 모든 장 안에서 자기 번호뿐 아니라 당신과 관련된 다른 정보들도 찾게 될 것이다. 이 책을 완독했다면 다음 단계로 다른 사람들과 함께 *The Path Between Us Study Guide*(우리에게로 가는 길 스터디 안내서)를 읽고 나누기 바란다.

저자로서 나의 바람이 있다면 이 책이 선택된 소수만이 아니라 당신의 모든 관계를 개선하는 데 도움이 되었으면 한다. 하지만 에니어그램의 지혜를 우리의 관계에 적용할 때는 반드시 주의해야 할 몇 가지 사항이 있다는 것을 말하고 싶다.

에니어그램은 정적인 시스템이 아니다. 이 사실을 기억하는 것이 중요하다. 우리는 예외 없이 건강한 모습이었다가, 그저 그랬다가, 건강하지 못할 때를 오가곤 한다. 그리고 이런 상황은 계속해서 되풀이된다. 나의 경험상 대개의 사람들은 평균 수준의 범위에서 대부분의 시간을 보낸다. 우리는 종종 건강한 자리에 있을 때는 삶에 잘 반응하다가 힘든 시기를 지날 때는 건강하지 못한 방식으로 대응하기도 한다. 그래서 여기서는 주로 우리가 평균적인 건강 상태에 있을 때 다른 사람들에게 어떻게 반응하는지를 서술했다.

그리고 각 번호에는 여러 가지 변형이 있다는 사실도 명심해야 한다. 이런 변형들은 당신이 내성적이든 외향적이든, 그 순간에 건강하든, 그저 그렇든, 건강하지 않든 상관없이 벌어지는 일이다. 사교적이든, 일대일 관계에 집중하든, 자신에게만 집중하든 마찬가지다. 지향하는 바가 현재든 과거든 미래든, 에니어그램에 대해 얼마나 친숙하든 관계없이 그렇다.

끝으로 우리가 관계에 대해서 이야기하고 있기 때문에 읽는 동안 염두에 두어야 할 몇 가지 중요한 대인관계의 원칙이 있다. 첫째, 자신의 행동을 변명하기 위한 수단으로 에니어그램을 사용하지 말라. 둘째, 배운 내용을 이용하여 다른 번호의 사람들을 비웃거나 비난하거나 규정짓거나 무시하지 말라. 셋째, 가장 좋은 것은 자신의 에너지를 다른 사람들이 아닌 자기 자신을 관찰하고 변화시키는 데 사용하라. 그리고 한 걸음 더 나아가 모두가 넓은 마음과 존중하는 마음으로 서로를 받아들이고 사랑하기를 바란다. 또한 이 길을 함께 걸으며 이 소망을 나누기를 바란다.

* 이것은 가치 있는 일이다

최근에 남편 조와 나는 다시 비행기를 타게 되었다. 이번에는 비상구 두 번째 줄에 앉아 있었다. 승무원이 우리 앞줄에 앉아 있는 승객에게 영어를 할 줄 아냐고 묻자 그는 '아니오'라고 대답했다. 이에 승무원은 다시 물었고 승객은 머리를 흔들며 '아니오'라고 말했다. 승무원은 그에게 영어 사용자가 아니면 비상구 좌석에 앉을 수 없음을 영어로 계속 설명했다. 그는 승무원이 하는 말을 이해하려고 무척 애쓰고 있었다.

지난번 여행 때 조가 9번에 대해 말했던 것을 존중하는 노력의 일환으로 나는 아무 말 없이 가만히 있었다. 내가 안전띠 버클을 채우던 바로 그때 남편이 안전띠를 풀었다. 조는 통로 쪽으로 가더니 스페인어로 그 신사에게 이 상황을 설명하기 시작했다. 항공사 규정에 따라 비상구 쪽 좌석에 앉는 승객은 영어를 할 줄 알아야 하고, 따라서 앞 좌석에 앉은 여자 분과 자리를 바꿔야 한다고 말이다.

그 남자는 일어나 자리를 옮겼다. 그리고 웃으며 남편에게 감사의 인사를 건넸다. 이중 언어 사용자이자 사려 깊은 남편이 제자리로 돌아와 앉자 그 여자 승객은 손을 뻗어 남편의 어깨를 두드리더니 조의 친절함에 대해 감사의 말을 건넸다.

우리가 자신을 있는 모습 그대로 보듯 우리가 될 수 있는 모습을 보게 되는 것은 정말 아름다운 일이다.

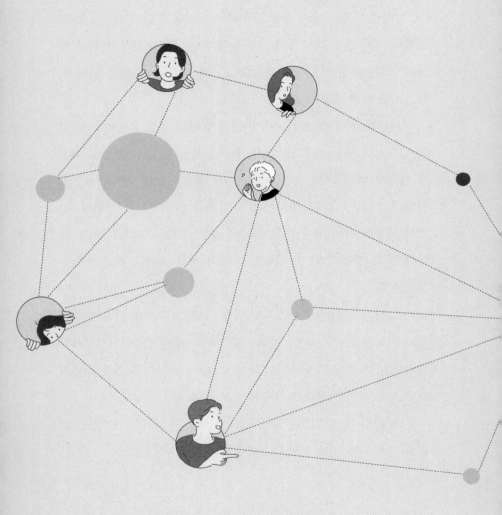

PART 1

장형 또는 분노형

도무지 이해할 수 없는 이 사람, 어떻게 이해해야 할까

8번유형/ 9번유형/ 1번유형

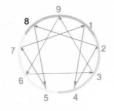

'공격적인 상사'와
'주눅 든 직원'

- 상대방이 나와 같은 속도로 움직여야 한다고 생각지 말라

멜리사가 내게 전화를 걸어 잠시 통화할 수 있냐고 물었다. 나는 혹시 멜리사가 새로운 직장에서 동료와 겪는 관계 때문에 연락한 것은 아닐까 하고 짐작했다. 하이테크 신생 기업의 채용 담당자인 멜리사는 매우 똑똑하고 창의적이며 성공한 여성이다. 그는 훌륭한 리더지만 여느 8번 유형처럼 종종 동료들과의 관계에서 어려움을 겪곤 했다. 8번은 자신이 함께 일할 사람을 직접 고를 수 있을 때 최고의 성과를 낸다. 하지만 멜리사가 그 회사에 들어갔을 때는 기존의 직원들을 그대로 이어받았다. 그리고 그중에는 멜리사라면 절대로 뽑지 않았을 에밀리라는 직원도 있었다.

이전에 들었던 바로는 멜리사가 데이터베이스 시스템에 대해 우는 소리를 하는 에밀리의 넋두리 때문에 정말 지쳐 있다는 것이었다. "징징거리지 말고 그냥 좀 배우면 되는데 왜 그러는 걸까요?" 멜리사는 자신은 보통 주 55시간을 일하는데 에밀리는 40시간 일하는 것도 제대로 못하는 것 때문에 화가 난다고 말했다. 게다가 에밀리는 연로한 어머니를 모시고 병원에 간다든지, 손녀의 발레 공연에 참석한다든지 해서 업무 관련 사안들을 종종 놓치기도 했다.

멜리사로부터 연락이 왔을 때 수화기 너머 그녀의 목소리는 이미 격양되어 있었다. 이는 8번의 전형적인 특징이기도 하다. 8번은 대개 사소하고 자잘한 이야기에는 거의 관심이 없어서 곧바로 본론으로 들어간다. "에밀리 일로 전화했어요. 우리는 방금 6개월 동안의 업무 성과에 대해 검토를 끝냈어요. 에밀리의 업무에 대한 평가를 내리기 전에 이야기하고 싶은 것이 있는지 물었지요. 이렇게 시작하는 것이 좀 더 친근할 것 같아서 꽤 좋은 방식이라고 생각했거든요."

하지만 멜리사는 에밀리의 다음 반응에 적잖이 당황스러워했다. 에밀리는 불안한 목소리로 이렇게 말했다고 한다. "당신은 나를 존중하지 않는 것 같아요. 항상 조급하고 요구하는 게 많죠. 가끔씩은 나를 골려먹는 것 같은 느낌도 들어요. 다른 사람들도 그렇게 느낀다고 말하더군요."

목소리 톤으로 보아 여전히 화가 나 있었지만 나는 멜리사가 이 일로 크게 상처를 입었다는 사실을 알 수 있었다. 나는 에밀리의 말에 대해 어떻게 반응했는지 물었다. "글쎄요. 잠시 멈추고 몇 가지 질문을 했어요."

멜리사가 말했다. "어떤 질문을 했어요?"

"전 에밀리의 그 느낌에 대한 객관적인 증거를 얻고 싶어서 무슨 일로 그렇게 느꼈던 것인지 물었죠. 그리고 제가 에밀리에게 기대하는 바와 그녀의 책임에 대해 아주 솔직하게 이야기했어요. 우리 부서가 비즈니스를 구축하는 단계에 있기 때문에 지금이 매우 중요한 시기이며, 주요 직책에 적합한 사람들을 모집할 책임이 있다는 것을요. 그렇게 하지 못하면 회사도 없어질 거라고요."

멜리사는 한 동안 말이 없었다. 그리고 내게 아주 진지하게 물었다. "수잔, 사람들은 왜 그냥 일만 할 수 없는 거죠?"

무슨 일이 일어난 것일까?

- 이 이야기에서 누구와 더 동일시되며 이유는 무엇인가?
- 멜리사가 괴롭힘 당하고 있다고 생각하는가? 그 이유는?
- 에밀리가 멜리사에게 정말로 원하는 것은 무엇인가?
- 여기서 벌어지고 있는 일을 에니어그램에서는 어떻게 설명할까?

에니어그램이라는 렌즈를 통해서 보면, 이 이야기는 공격적인 상사와 한껏 주눅이 든 무능한 직원 이상의 것을 말해 주고 있다. 이것은 자신의 일과 직장 내 인간관계 및 세상을 완전히 다른 관점으로 보는 두 사람에 관한 이야기이다. 멜리사는 8번 유형이다. 하지만 에밀리는 아니다. 멜리사는 에밀리가 직업적인 책임을 다하도록 격려하고 있다고 생각했다. 그래서 에밀리가 감정적으로 폭발했을 때 느닷없이 한 대 맞은 것 같은 기분이 들었다. 비록 업무 평가를 마치기는 했지만 멜리사는 이 상황이 바뀌리라는 확신이 없다고 말했다. 결국 에밀리는 전근 신청을 했다.

에니어그램 유형의 대부분은 하루를 보내는 동안 다른 사람들과 맞추며 평화를 만들어 낸다. 자기 방식대로 일하기보다 즉각적인 의견 교환이나 관찰, 의례적인 인사말 등을 통해서 다른 사람들과 중재를 한다. 안타깝게도 8번의 경우는 이런 즉각적인 관계 조율의 필요성이나 의무감을 느끼지 않는다. 그래서 대개는 다음 단계나 일로 넘어간다. 이런 특성 때문에 사람들은 8번이 자신에게 신경을 쓰지 않는다고 느끼는 것이다. 하지만 사실은 우리에 관해 생각하고 있지 않을 뿐 우리가 다음에 해야 할 일에 대해서는 생각하고 있는 것이다.

멜리사와 에밀리에 관한 이 이야기에서, 그리고 우리 일상을 채우고 있는 수많은 이야기에서 우리는 무슨 일이 있었는지는 알지만 왜 그런지 모르고 있는 것들이 너무 많다. 에니어그램은 아홉 개의 번호가 지닌 역동성과 동기, 경험 및 서로 간의 상호작용과 관계들을 이해하는 데 큰 도움이 될 것이다.

* "저는 가끔 직원들에게 화가 납니다"

어떤 것에 대한 8번의 첫 번째 반응은 "내가 무엇을 해야 할까?"이다. 대부분의 사람들은 처음에 "나의 생각은 무엇일까?" 또는 "나의 느낌은 무엇일까?"라는 반응을 보이기 때문에 8번의 이런 특성은 관계에서 까다로운 장애 요인이 될 수 있다. 8번은 행동 중심적인 3번, 7번과 잘 어울리는 편이다. 이 세 번호들은 감정의 부담을 느끼는 사람들이나 행동하기 전에 너무 오래 생각하기 때문에 반응이 느린 사람들과 싸움을 일으킬 수 있다.

관계의 맥락에서 보면 어떤 것에 대한 첫 반응이 행동인 사람들은 사고나 느낌 중심의 다른 번호들에게 종종 공격적으로 비칠 수 있다. 그래서 8번은 행동하기 전에 반드시 생각해야 하는 사람들과 어떤 행동을 언제 취할 것인지 결정하는 데 감정을 중요시하는 사람들을 고려하기 위해서 충분한 시간을 가져야 한다. 이것은 단지 선호도의 문제가 아니다. 오히려 우리가 세상을 바라보는 방식과 관련이 있다. 예를 들어, 5번과 6번 유형은 여러 가지 옵션과 결과를 먼저 평가하기 때문에 무엇인가를 빨리 결정하는 일이 무책임하며 용납할 수 없는 처사라고 생각한다.

그러나 어떤 종류의 멈춤은 8번에게 힘겨울 수 있다. 이들은 바깥세상과 자신들 안에서 일어나는 일을 통제하고 싶어 하기 때문이다. 가끔은 8번이 너무 신속히 행동하는 바람에 다른 관점이나 시각에 대한 여지를 남겨 두지 않거나 다른 사람들이 해야 할 일을 미리 할 수도 있다. 그럼에도 불구하고 사람들은 여전히 자신들을 이끌고, 의사를 결정해 줄 8번을 찾는다. 8번이 속도를 늦추어 계획을 설명해 주고, 자신들의 제안을 받아 주길 기대하면서 말이다. 행동으로 치자면 8번이 가장 먼저 떠오른다. 회복 센터의 사무총장으로 근무하는 토드 더글라스는 8번에 대해 다음과 같이 설명하고 있다.

저는 가끔 직원들에게 화가 납니다. 그들이 자기 역할을 하지 않았기 때문이에요. 왜 그럴까 곰곰이 생각해 보니 제가 그 사람들을 제대로 훈련시키지 않았거나 제가 정말로 원하는 바를 알리지 못했다는 사실을 깨닫게 되었어요. 그래서 가장 기본적인 것을 알려 주었고, 그들이 어떻게 해서든지 그것에 살을 덧붙이기를 기대했죠. 가령 자리에 앉아서 그들과 상호 작용을 하고 대화하는 시간을 가지는 것처럼 자잘한 것이었는데 제게는 참 힘겨운 싸움이었죠. 그리고 저는 일을 대충 하는 다른 직원들 때문에 힘들기도 했어요. 대개는 그런 사람들을 보면 항상 잘라버리곤 했죠.

8번은 관계 속에서 다른 사람들이 따라갈 수 없을 정도로 빠르게 움직이는 것에 특히 유의해야 한다. 대개는 사람들이 따라올 것이지만 그것은 그들이 다른 선택이 없다고 느끼기 때문에 그럴 가능성이 높다. 그렇게 되면 종종 분노라는 결과가 뒤따른다.

어떤 8번 유형은 이렇게 말했다. "우리 집에서 벌어지는 가장 큰 오해들은 명확하게 표현하지는 않지만 상대방에게 기대하는 것들이 있을 때 빈번히 발생하죠. 상대방이 나와 같은 속도나 강도로 움직이지 않았을 때 저는 급속히 실망감에 빠져듭니다. 우리가 하고 있는 일과 그 이유를 설명하는 것은 부담이 될 수 있어요.

하지만 때로는 가족 계획에 다른 옵션도 포함시켜야 할 필요가 있어요."

진실은 8번이 다른 옵션을 넣기로 했을 때 그것은 시간이 지체되지 않고 그 결과가 좋아야 한다는 것이다. 이런 옵션들은 오해를 완화시키고 의미 있는 연결들을 만들어 준다.

약함을 절대 들키고 싶지 않아

8번은 감정적으로 스스로를 보호하기 위해 취약성을 드러내지 않고 회피하려는 경향이 있다. 8번이 어렸을 때 사람들은 이렇게 말하곤 했을 것이다. "쟤는 너무 으스대며 이래라 저래라 해." "저 애는 누구 말도 안 들어요."

어른이 되어서는 종종 공격적인 사람으로 분류된다. 그래서 다른 사람들은 이들과 관계를 맺을 때 자신을 보호할 필요가 있다고 느끼며 종종 방어적인 태도를 취하곤 한다. 아이러니하게 8번 역시 자신을 보호할 필요성을 느끼지만 그들이 취하는 방식은 무기력함이나 나약함, 누군가에게 종속되는 것 등을 피한다.

지금은 매우 유명해진 선도적인 연구원이자 작가인 브레네 브라운(Brené Brown)의 TED 강연에서 그녀는 취약성에 관해 다음과 같이 말한다. "취약성은 다른 사람과 연결되기 위해서 그들이 우리를 실제로 볼 수 있도록 허용해야 한다는 생각입니다."[1] 8번도 다른 번호들과 마찬가지로 가까이 있는 사람들과 연결된 느낌을 원한다.

하지만 이들에게는 큰 문제가 있다. 그것은 그들이 두려워하는 몇 안 되는 것들 중 하나가 곧 자신들의 약함이나 한계, 우유부단함이 노출되는 순간이라는 사실이다. 브라운의 말대로 연결이 우리의 취약함을 드러내는 능력과 상처받기 쉬운 자기 모습을 기꺼이 보여 주는 데 달려 있다면 그것은 관계를 움직이는 아주 중요한 열쇠가 된다. 나는 8번 역시 때때로 나머지 우리들처럼 그것을 드러내고 있다고 느낀다고 생각한다. 다만 그것을 좀 다르게 표현할 뿐이다.

결혼해서 네 아이들의 엄마가 된 한 8번 여성은 가족 관계에서 느끼는 자신의 취약성에 대해 다음과 같이 설명했다.

비록 나한테는 힘든 일이지만 모든 면에서 당신을 신뢰하고 싶어요. 항상 당신 곁에 있을게요. 당신과 싸우지 않고 당신을 위해 싸울게요. 내가 굵직한 눈물을 흘리면 아마도 놀라겠지만 일부러 닦거나 가리지 않을 게요. 당신이 나한테 화가 나면 나도 화가 날 거예요. 그리고는 분노 밑에 깔린 감정들을 찾아내려고 정말 열심히 애쓰겠죠. 처음에는 겁이 나겠지만 내 이성을 뛰어넘어 당신을 사랑할 겁니다.

8번은 비록 긴밀한 관계에서는 자신의 취약성을 드러낼 수 있어도, 결 고운 감정을 표현하는 일에 있어서는 늘 불편함을 느끼고 어려워한다.

스스로를 보호하려는 모든 노력에도 불구하고 대부분의 사람들처럼 8번도 처음이라 어쩔 수 없었던 인생의 경험들을 가지고 있다. 그런 시기에 자신들이 감정적으로 노출되었다고 느끼면 8번은 그것을 있는 그대로 보여 준다. 아주 간단히 말하자면 우리는 새로운 방식으로 그들을 알 수 있는 기회를 얻는 것이다. 그럴 때 나는 8번이 전혀 공격적일 의도가 아니었음을 깨닫게 된다. 그들은 그저 자기 자신을 보호하려고 했던 것이다.

우리 딸 조이가 일곱살 꼬마였을 때다. 조이는 크리스마스트리 아래 놓인 자기 이름이 적힌 선물 보따리들을 미리 열어보기 위해서 한밤중에 일어나곤 했다. 어찌나 포장을 감쪽같이 다시 해 놓았던지 우리는 2년이 지난 후에야 조이의 행동을 알았다. 그것에 대해 이야기했을 때 조이는 깜짝 선물 따위는 좋아하지 않는다고 설명해 주었다. "선물을 열었을 때 내가 웃을 수도 있고, 울 수도 있고, 말을 잘못 내뱉을 수도 있잖아요. 그러기는 싫거든요. 일이 벌어지기 전에 미리 다 알고 싶을 뿐이에요."

조이에게는 모르고 있다는 것이 취약함을 느끼게 되는 지점이었다. 지금은 가정을 꾸리고 자녀를 둔 마흔의 엄마가 되었지만 조이는 여전히 일이 일어나기 전에 모든 것을 알고 싶어 한다.

8번은 스스로의 약함이든 가까운 사람들의 나약함이든 유약한 것을 극도로 싫어한다. 그래서 취약함과 나약함을 구분할 수 없을 때면 둘 다를 피한다. 그러나 취약함을 드러내지 못하는 사람 또는 보이기 싫어하는 사람들과 관계를 유지하는 일은 매우 어렵고 힘들다. 그런 사람들과 함께 있으면 자신의 존재가 중요하지 않은 것처럼 느껴지고, 아무것도 해 줄 수 없는 것 같으며, 자신이 충분히 믿을 만한 사람이 되지 못한 것 같다. 바람직하고 견고한 관계는 취약한 시기에 형성되기 때문에 8번은 사람들이 침체되었을 때나 흐트러졌을 때 그들과 관계를 유지하면서 가장 의미 있는 것들과 제일 두려하는 것들, 그리고 가장 중요하게 생각하는 것들을 나눔으로써 나약함과 취약성에 대한 혼란을 해결할 필요가 있다.

불의를 참을 수 없어

8번의 이런 자기 보호에 대한 집착이 의미하는 것은 그들이 자신들처럼 강하지 못한 사람들을 위해 일어설 채비가 되었고, 압제자들에게 도전할 준비가 가장 잘되었다는 것이다. 나는 8번이 가진 이런 점을 정말 좋아한다. 불의에 대한 관심과 신념, 무고한 사람들을 보호해야 한다는 책임 의식은 힘이 있으면서도 동시에 온화하다. 그러나 8번이 종종 놓치는 것이 있는데, 그것은 소외된 사람들과 교제할 때는 베풂이 항상 상호적이고 관계적이어야 한다는 것이다.

사회적 인식은 다른 사람들의 감정을 파악하고 그들의 관점에서 인생이 어떤 모습인지 이해할 줄 아는 능력이다. 이런 종류의 인식은 많이 듣고 관찰함으로써 얻어지는 것이다. 이것은 비록 관계가 쭉 이어지지 못하더라도 두 사람 간의 존중 및 의미 있는 주고받음을 위한 기초가 된다. 8번이 대단한 사회적 인식 없이도 문제를 풀 수 있는 좋은 기회가 있는데 그것은 누군가를 대신하여 열심히 일을 해 줄 때. 모든 번호에는 각기 요구되는 섬세한 균형이 있다. 예를 들어 2번은 사회적 인식에 지나친 관심을 기울인다. 그러나 관계는 두 명 이상의 사람들이 연결되어야 성립되므로 우리는 모든 관계가 주고받는 데 균형이 필요하다는 것을 기억할 필요가 있다.

내 속에는 에너지가 가득해

에니어그램의 지혜에서 8번의 열정은 욕망(lust)이다. 이것을 가장 잘 정의하는 단어는 '강렬함'이다. 이들은 높은 에너지로 가득 차 있고, 가만히 있지 못하고 곧잘 행동으로 달려가는 사람들이다. 일이 잘 안 풀리거나 장애물이 나타나면 8번은 자주 분노의 반응을 보인다. 이들은 분노가 세상을 살아가는 데 도움이 되었다고 믿고 있다. 하지만 역설적이게도, 나는 8번이 자신들의 부드럽고 여린 감정을 감추기 위해 분노를 사용하는 것은 아닐까 의심해 본다. 이들의 문제는 부분적으로 분노 이외의 다른 감정(종종 그들의 관계에 해가 되는)에 접근하는 데 어려움을 겪고 있다는 것이다.

자신이 약해 보일까 염려하고 있다는 점을 기억한다면, 그들이 자동적으로 스스로를 보호하기 위해 슬픔이나 두려움, 분노에 취약한 모습 등을 감추려고 애쓰는 모습을 우리가 이해할 수 있을 것이다. 하지만 에니어그램의 다른 번호를 위해 이야기하자면, 8번의 분노는 종종 경계가 아니라 장벽으로 인식된다. 덜 공격적인 유형(2번, 4번, 6번, 9번)은 8번을 만났을 때 조심스러운 경향이 있다. 그리고 이런 일이 벌어지면 그들이 관계에서 추구하는 진정성과 진실성은 실제로 현실화될 가능성이 줄어든다.

8번 유형인 웬디는 초등학교 교사이다. 웬디는 유치원생과 초등학교 1학년 아이들의 배치에 관해 동료와 토론했던 이야기를 내게 들려주었다. 웬디는 아이들에게 가장 좋은 것이 무엇일까에 대한 의견 일치가 있어서 문제가 해결되었다고 생각했다. 그래서 그들이 내린 합의가 받아들여지지 않았다는 것을 알고는 매우 화가 났다. 화는 격렬한 분쟁으로 이어져 그들의 관계에는 엄청난 균열만 남게 되었다. 하지만 의로운 분노에 뒤이어 웬디는 자신의 행동을 돌아본 후 말했다.

"내가 만약 그 동료에게 말하기 전에 좀 더 차분하게 생각하며 무슨 일인지 기다렸다가 일을 처리했다면, 아마도 나의 생각과 감정을 그들이 들을 수 있는 방식으로 표현했을 겁니다. 그렇지 않았다 해도 적어도 내 행동에 대해 곱씹지 않아도 되었을 겁니다. 화가 났을 때 누군가와 말하기 전에 우선 멈추고 생각하는 법을 배우고 있어요. 저는 침착하고 똑똑하며, 현명하고 성숙한 사람으로 비쳐지고 존경받길 원하거든요. 내 행동을 정당화시킬 필요가 있다고 느끼면 과잉반응을 보이게 되요."

8번은 좀처럼 후회하는 일이 없다. 이들은 독립적이어야 한다는 데서 에너지를 얻고 그것에 의존한다. 하지만 그들은 자주 자신들의 공격성이 좋은 의도마저 어둡게 한다는 현실을 놓친다.

정말로 문제가 되는 것은 깊은 감정의 표현으로서 드러나는 욕망과 강렬함, 분노라는 가면이다. 그들은 진실과 멀어질 때 종종 자신의 감정과 접촉한다고 속는다. 8번이 스스로의 감정을 인식하고 느끼고 제대로 이름을 짓기 위해서는 자신의 의도가 무엇인지 알아차리는 것이 필요하다.

감정은 나약함의 표현이 아니야

8번은 모든 것에 열정이 가득하며 특별할 것이 없다. 그리고 종종 기쁨이나 슬픔, 상처나 당혹감 같은 감정들을 강렬함으로 대체시킨다. 상처나 두려움 같은 부드러운 감정과 맞닥뜨리면 다시 강한 느낌을 얻기 위해 신속하고도 일관되게 과감한 행동으로 반응한다. 그리고 연약하고 의존적인 느낌이 조금이라도 들면 어떤 대가를 치르더라도 회피한다. 관계라는 것은 상호의존성을 가지기 때문에 가끔씩은 예상치 못한 일들이 생기고 거기서 문제도 발생한다. 8번은 부드러운 감정이 나약함의 표시가 아니라는 것을 깨달을 필요가 있다.

억누를 수 없는 감정과 대면했을 때 이들이 원하던 통제에 대한 환상은 산산조각이 난다. 우리는 모두 그런 모습을 지켜본 적이 있다. 가령 연약하면서도 강인한 가까운 지인에게 보이는 따스함, 삶의 의욕이 없는 소외된 누군가를 향한 그들의 사랑, 말로 표현할 수 없는 역경을 순순히 극복한 사람에 대한 그들의 깊은 애정 등을 말한다. 8번은 그들을 향한 자신의 감정이 변질될까 봐 두려워하지 않는다.

그건 배신이 아닌 실수야

워크숍에 참석하면서 나는 8번이 배신당한 경험을 말하는 것을 제법 들었다. 그들은 종종 자신에게 충실하지 않았던 사람들의 이름을 언급했다. 아주 예전에 나는 8번이 배신 당한 이야기를 듣고는 다음과 같은 식으로 말했다. "저는 그것을 배신이라고 부르지 않아요. 일종의 실수였다고 생각하지는 않나요?" "제 생각에는 잘못된 선택이었던 것 같은데 배신이라고 말하기에는 좀 그렇네요."

내가 8번이 경험한 사건에 대해 재구성했을 때 그들은 놀란다. 그들이 배신이라고 경험한 것은 실제로 그렇지 않은 일일 수 있고 다른 사람의 관점에서 본다면 전혀 다른 상황일 수도 있다. 하지만 8번은 그렇게 생각하지 않는다.

어느 날 생일 파티에서 나는 우리 집 8번 유형인 조이와 배신에 관해 이야기를 나눌 기회가 있었다. 우리는 손에 음료수를 들고 수영장에 발을 담근 채 나란히 앉아 있었다. 나는 조이에게 자신이 생각하는 배신에 대해 설명해 달라고 했다. 조이의 대답은 간단했다. "전 매일 배신을 경험해요. 나를 알지도 못하는 사람들이 나에 대해 판단을 내리기 때문이죠. 그들은 저를 알려고 노력하지도, 저랑 연결을 시도하려 하지 않고 자기들이 느낀 대로 판단해 버리거든요."

8번이 가장 싫어하는 것은 사랑하는 사람에게 상처를 주는 것이다. 자신들이 당신에게 상처를 주었다는 것을 알아채면 그들의 내적 반응은 기계적인 것과는 거리가 멀다. 겉으로는 평정심을 유지하는 것처럼 보여도 그들은 매우 고통스러워한다. 어떤 식으로든 당신의 취약점을 이용했다는 것을 깨닫고는 마음이 황폐해진다.

   *   스트레스와 안전감

에니어그램의 장점 가운데 하나는 다른 많은 시스템들처럼 정적이지 않으며, 예측 가능하다는 것이다. 이 여정에서 자신이 어디쯤 있는지와 상황이 전개되는 방식에 따라 우리는 '건강할 때', '평균일 때', '건강하지 않을 때'로 구분할 수 있다. 8번이 관계 안에서 건강하고 최상의 상태일 때는 긍정적이고, 활발하고, 관대하다. 그들은 무슨 일이 일어나든 그 상황을 아주 잘 받아들이고 견딜 수 있다. 이 범위 안에서 그들은 헌신적이고, 진실하며, 다른 사람들이 성공할 수 있도록 도와준다.

8번이 가장 약해져 있을 때는 호전적이고, 소유하려 들며, 거만하고, 타협하지 않으며 잘못을 찾아내는 데 급급하다. 8번은 자녀들이 불평하거나 요구가 많아질 때 정말 짜증이 난다고 말한다. "저는 아이들에게 정신을 차리고 제대로 하라고 말해요. 너는 이것보다는 더 낫다고요. 엄마가 너희들 빨래나 하려고 공부를 한 게 아니라고 말하죠. 엄마는 나약한 소년이 아니라 남자를 키우고 있는 거라고, 스스로 알아서 하라고 말이죠."

그러나 8번은 이런 불만들이 대개는 연결되고 싶은 시도임을 알아차리는 법을 배울 필요가 있다. 돌이켜보면 얻는 바가 있을 것이다.

어느 번호에서건 지나친 것은 좋지 않다. 8번이 스트레스를 받으면 공격적이고, 격렬해지며, 뚜렷한 자기 확신 등의 반응을 보인다. 때때로 8번의 주요 방어 메커니즘은 불쑥 일어나는 모든 감정을 부정하는 것이다. 이것은 그들이 더 많은 일을 하고 더 열심히 일하도록 밀어 붙이는 역할을 하는데 이때 그들에게 필요한 것은 일을 멈추는 것이다.

우리는 대부분 8번이 편안하게 여기는 상황들 -이를테면 마감일, 대치 상황, 논쟁, 위기, 다른 이들의 문제 행동, 또는 통제가 불가능해 보이는 사건들- 을 스트레스로 여긴다. 그들은 흥분과 결의에 차서 이러한 상황 속으로 곧바로 걸어 들어간다. 어떤 8번은 다음과 같이 설명해 주었다. "저는 터미네이터처럼 걸어 들어가 누가 친구인지, 또는 적인지 알아냅니다. 누가 나에게 반론을 제기하는 거야? 누가 내 편이지? 그렇게 하는 것이 제가 스스로를 보호하는 방법이죠. 아무도 나를 통제할 수 없다는 것을 보고 싶은 것이죠. 제가 가장 높은 하이힐을 신으면 키가 180센티미터거든요. 그러면 방 안에 있는 모든 사람들을 내려다 볼 수 있죠."

우리의 관계를 위해서, 누군가는(아마도 8번이 가장 그러겠지만) 사물을 보는 자신의 방식에 따라 현실을 실제로 바꿀 수 있다고 믿고 있다는 것을 인정하는 것이 중요하다. 이 본문을 읽으면서 "그건 미친 짓이야!"라고 말하지 말길 바란다. 8번 역시 당신이 사물을 보고 일하는 방식이 터무니없다고 생각하고 있음을 잊지 말라. 그것이 우리에게 에니어그램이 필요한 이유가 아니겠는가.

8번은 모 아니면 도라는 식으로 자신의 한계를 부정한다. 불행히도 에니어그램에 대한 지식이나 삶의 경험이 없으면 다른 사람들의 한계까지도 부정한다. 많은 8번들이 심지어 한계 자체를 부정하기도 한다. 이것이 야기하는 스트레스는 타인 및 타인과의 관계에 해를 끼치곤 한다.

8번인 남성의 경우 스트레스가 많은 상황에서는 멈추지 못한다. 그들은 자신과 다른 사람들에게서 점점 더 많은 것을 기대하며 따라오지 못하는 사람에게는 의심의 눈초리를 보낸다. 8번과 살고 있거나 같이 일하고 있다면 그들의 노여움이 방안을 가득 채우고도 남는 것임을 알 것이다. 이런 경험이 처음이라면 위압감을 느껴서 주눅이 들고 만다. 8번 남성이 실패할 때는, 어느 지점에서는 그러겠지만, 때로는 물러서기도 하지만 대개는 계속해서 전진하고 일을 멈추지 않는다. 나는 8번 남성들이 멈추어야 할 시간과 장소가 있다는 것을 받아들이지 못해서 심장마비나 뇌졸중 같이 스트레스 관련 질병에 걸렸다는 이야기들을 꽤 많이 들었다.

8번인 여성의 경우 스트레스를 많이 받게 되면 거만하고 공격적으로 바뀐다. 그들의 분노는 분명하고, 쉽게 가시지도 않는다. 그러나 8번 남성들과는 달리 최종적으로 벽에 부딪치게 되면, 벽 아래로 미끄러져 잠시 동안 울다가 잠자리에 드는 경향이 있다. 그들이 매우 건강한 상태라면 곧 복귀하겠다는 말과 함께 휴가를 낼 수도 있다. 그렇지 않은 상태라면 자신이 화가 났다는 것을 모두에게 각인시킬 것이다. 그리고 언제 끝날지 모를 시간 동안 화난 채로 있을 것이다.

8번이 스트레스를 즐김에도 불구하고, 그들의 지나친 에너지는 이득이 감소하는 지점에 도달할 수 있다. 이런 일이 벌어지면 그들은 직관적으로 5번을 끌어내고 이 세상에서 한걸음 뒤로 물러난다. 그것은 좋은 일이다. 이런 일들을 통해 생각할 공간과 자기 인생 및 다른 사람들과 더불어 더 좋은 곳에서 다시 만날 수 있기 때문이다. 8번이 안전하다고 느끼면 2번이 지닌 에너지와 행동에 접근할 수 있다. 그 공간에서는 그들의 공격성에 의해 종종 가려지는 부드러움이 드러나서 다른 사람들과 감정적으로 연결될 수 있기 때문에 이는 매우 바람직한 이동이다.

* 8번과 다른 번호들

8번은 1번처럼 헌신적이고 에너지가 넘치지만 지향하는 목표가 다르다. 1번은 일반적으로 문제에 초점을 맞추지만 8번은 그 해결에 초점이 있다.

8번은 에니어그램에서 2번 및 5번과 화살표가 연결되어 있다. 스트레스를 받으면 5번으로 이동하고, 안정감을 느끼면 2번으로 이동한다. 8번은 2번이 지닌 부드러움과 애정, 다른 사람들의 감정을 알아챌 줄 아는 마음이 필요하다. 그리고 5번의 특징인 차분히 움직이고, 행동하기에 앞서 필요한 정보를 수집하며, 중립적인 것이 가치 있는 때를 인식하는 능력이 필요하다.

8번은 3번 및 7번과 정말 잘 지낸다. 이들 모두 빨리 생각하고, 열심히 노력하며, 많은 일을 해내고, 여린 감정을 내보이지 않는 성향을 지녔기 때문이다. 이 세 유형은 모두 미래 지향적이며, 일을 처리하는 데 있어서 에너지가 넘치며, 훌륭한 동료 및 협력자가 된다.

8번은 4번의 기분 변화에 동참하는 일에서 어려움을 겪는다. 하지만 실제로 8번과 4번의 공통점을 발견한다면 이들이 많은 부분 닮아 있다는 것을 알게 될 것이다. 그들은 에니어그램에서 가장 강렬하고 열정적이며, 둘 다 솔직함과 헌신적인 면을 가지고 있다.

8번은 충분한 인내심을 갖고 6번을 기다리는 것에 어려움을 겪는다. 6번은 조직적이어서 실시간으로 사물을 보는 반면 8번은 대개 미래에 초점을 둔다. 하지만 8번이 6번의 말을 듣고 그 반응을 기다린다면 둘에게 윈윈(win/win)이 될 수 있다.

8번과 8번이 만나면 열정이 넘친다. 그래서 그들 중 한 명은 때로 내면에 초점을 맞출 필요가 있고 책임도 나누어야 할 필요가 있다. 명심해야 할 것은 7번 날개를 가진 8번과 9번 날개를 가진 8번은 서로 아주 다르다는 것이다.

8번과 9번은 둘 다 성숙하고 건강한 공간에 있는 경우, 매혹적인 관계를 맺을 수 있다. 9번은 자신의 에너지나 아젠다, 자신이 해야 할 일에 대한 이해가 필요하다. 8번이 흔쾌히 그리고 의도적으로 9번을 따르게 되면 이것은 매우 아름다운 관계일 수 있다.

* 모든 이에게 난폭해지지 않는 법 배우기

8번이 인간관계에서 열정이 없거나 그것을 소중히 여기지 않는다고 생각하는 것은 오해이다. 그들이 많은 관계를 필요로 하지 않고 그럴 시간도 없다. 그래서 보통은 직장 동료들을 친구로 두지 않는다. 그렇긴 해도 8번은 팀워크에 있어서 아주 좋은 동료이다. 그것은 단지 의미 있는 사회적 연결들이 보통 그들 삶의 다른 영역에서 이루어진다는 것이다.

8번은 독립성을 중요하게 생각하는 소수의 사람들과 우정을 나누는 것을 선호하는 편이다. 8번과 친구가 되려는 사람이라면 신뢰할 수 있고 위험성이 없어야 한다. 그리고 관계도 믿을 수 있어야 하지만 서로에게 거는 기대치가 없어야 한다. 나의 제자 중 한 명은 이렇게 말했다. "스스로 지탱할 만한 자신감이 없는 사람과 의미 있는 관계를 맺는다는 것은 말 그대로 불가능해요."

많은 8번은 행동에 지나친 강조점을 두고 자신과 다른 사람들의 감정을 무시하는 무의식적인 습관의 결과로 인해 균형의 부족을 경험한다. 그러나 행동에 집중하는 것 때문에 엄청난 대가를 치르게 될 수도 있다.

세 형제 중에 맏이이고 유일하게 8번인 제프는 연로하신 부모님을 위해 필요한 결정을 내리는 일에는 매우 안성맞춤이었지만 그 일을 반드시 혼자 하고 싶지는 않았다. 제프는 형제들이 같이 참여하기를 바랐지만 시간이 지날수록 혼자서 점점 더 많은 책임을 떠안게 되었고, 형제들은 하는 일이 더 줄어들었다. 그는 형제들이 참여할 수 없거나 참여할 마음이 없다고 생각하고는 어머니의 건강이 나빠지자 결국 어머니를 모시기로 했다.

어머니가 돌아가시게 되자 제프는 잘 정립된 가족의 본에 따라 장례 및 모든 절차를 처리했다. 장례식장과 관을 고르고, 신문에 부고를 냈으며, 추도 연설을 작성했다. 장례식이 끝난 후 제프의 열두 살짜리 딸이 아빠는 왜 장례식 때 울지 않았는지 물었다. 그 순간 제프는 딸을 들어 올려 꼭 껴안아 주었다. 하지만 딸에게 사실대로 말할 수는 없었다. 지금 자기감정을 쏟아낸다면 어머니를 장례 지내는 일을 할 사람이 없었기 때문이다. 나의 생각으로 많은 8번들은 일을 완수하기 위해서는 자신들의 여린 감정들은 무시해야 한다고 믿으며 평생을 살아간다.

진실은 우리가 보는 것과 관점이 우리가 놓친 것을 결정한다는 것이다. 나는 8번이 취약한 모습을 보이기 싫어하는 것이 다른 사람들에게 어떤 영향을 미치는지 전혀 모르고 있다고 확신한다. 8번은 자신의 강력한 공격성 때문에 다른 사람들이 그들의 존재가 중요하지 않거나 필요하지 않다고 느낀다는 것을 알지 못한다. 8번은 우리 중 많은 이들이 8번의 취약성 결여를 그들이 우리를 신뢰하지 않는 의미로 받아들인다는 사실을 깨닫지 못한다. 장기적이고 헌신적인 관계는 누군가를 따라가거나 이끄는 것이 아니라 좋은 일과 궂은일을 겪으며 나란히 함께 걸어가는 과정 가운데 만들어진다.

그들이 어디에 누구와 함께 있든 8번은 대개 책임자의 역할을 한다. 따라서 그들은 관계라는 것이 상호성과 협력에 기반을 두고 있음을 기억해야 한다. 하지만 항상 리더십 모드에 있는 사람들은 이 두 가지를 모두 쉽게 무시한다. 내가 가장 좋아하는 작가이자 목사인 나디아 볼츠 웨버(Nadia Bolz-Weber)는 한때 '모든 죄인과 성도들을 위한 집' 모임에서 자신의 의견이 얼마나 큰 비중을 지니고 있는지에 대하여 신경을 많이 써야 했다고 말했다.

우리는 위원회 시스템이 아니라서 모든 교회 운영이 일종의 '참여' 형식이에요. 저는 이렇게 말하곤 하죠. "사순절과 재의 수요일을 위한 예배 모임을 가지기 원하시는 분이 계신가요?" 그리고 누구든 원하면 그날이 곧 예배 모임이 되는 식이죠. 그러나 이것이 제대로 작동하려면 통제와 예측 가능성이라는 두 가지를 기꺼이 포기해야 합니다. 누가 올지 아무도 예측할 수 없어요. 그리고 누군가가 올 경우 저는 통제권을 내려놓아야 합니다. 이 말은 곧 그들 스스로 참여하도록 해야 한다는 뜻이죠. 그래서 이것은 매우 특별한 종류의 리더십인 것이죠. 그렇다고 해서 아무렇게나 내버려두는 건 아니에요. 저는 여전히 사람들을 이끌고 있고 그 공간을 유지시키고 있습니다.

하지만 누군가 아이디어를 제안하면 저와 모인 사람들에게 확인을 받아야 합니다. 그리고 저는 솔직하게 말해야 합니다. 되도록 빨리 해야 하구요. … 제 의견이 막중한 무게를 지니고 있다는 사실에 대해 책임감도 가져야 해요. 그러려면 약간의 자기인식이 필요하죠. 항상 제대로 하는 것은 아니지만 그것은 일종의 힘들어도 마쳐야 하는 일이죠. 하지만 만약 당신이라면 그런 일을 충분히 잘 해낼 수 있어요. 당신은 사람들을 거칠게 다루지 않을 테니깐요. [2]

내가 믿기로 8번들은 책임을 지는 것이 자신을 보호하는 방법이라고 생각하는 것 같다. 그러나 늘 관계를 주도하고 통제하며 결정을 내리는 사람이 되는 것은 관계 속에서 고립될 수 있다. 그리고 종종 살아가면서 필연적으로 맞닥뜨리는 깜짝 놀랄 일들을 처리하는 방법을 배우지 못할 수도 있다. 중요한 사실은 우리 모두가 특정한 일로부터 자신을 보호하고 있다는 것이다. 가령 9번은 갈등으로부터 자신을 보호하고, 7번은 고통을 피하는 일이라면 모든 심혈을 기울이며, 4번은 버림받는 것에 대해서 매우 염려한다. 8번은 예기치 못한 감정으로부터 스스로를 보호하기 위해서 노력하지만, 나디아의 이야기에서도 볼 수 있듯이, 그들은 모든 사람들에게 난폭해지지 않는 법을 배울 필요가 있다.

* 함께 걷기 위한다면…
8번은 다른 사람들과 어떻게 관계할지에 대해서 아주 확실한 태도를 가지고 있다. 그들을 지켜보면, 누가 그들의 부드럽고 여린 면에 접근할 수 있는지, 또는 없는지 확실하게 구분이 된다. 하루는 내 딸 조이와 함께 강의를 하고 있었는데 8번이 직장에서 관계에 접근하는 방법에 대해 말할 때 조이가 매우 분명하게 설명을 했다.

조이는 자기 손을 동그랗게 모아 쥐더니 다음과 같이 설명했다. "제 안에는 '따뜻하고 모호한' 공간이 딱 요만큼 있어요. 확실합니다. 더 이상은 없어요. 대부분은 남편과 아이들이 속한 부분이랍니다. 더 남아 있는 것이 있다면 잠재적인 고객들과 개인적이고 진실한 관계를 맺는 데 사용될 것입니다. 저는 동료들과 개인적인 삶에 대해 잘 나누지 않습니다. 저에 대한 개인적인 사소한 내용들도 말하지 않는 편이죠. 저는 매일 제게 맡겨진 일을 위해서 직장에 갑니다. 그리고 그 일을 잘 해내는 것에 큰 중요성을 둡니다. 만약 동료들이 자기 일을 잘 해내기 위해 온힘을 쏟으면 우리는 노력한 만큼 서로 우정을 나눌 것입니다. 하지만 그렇지 않다면 나눌 것이 없습니다. 제게도 친구들이 있지만 우정을 돈독하게 하려고 일하러 가지는 않습니다."

직관에 반하는 것이긴 해도, 8번에게 반드시 필요한 것은 다음과 같은 사실을 깨닫는 것이다. 곧 다른 사람들과 맞닥뜨릴 때 자기 감정의 균형을 잡는 것이 자신에게는 물론이고 관계를 맺고 있는 다른 사람들에게도 이롭다는 점이다. 사람의 감정이라는 것은 세상과 맞붙기 위해 무기고에 잘 쌓아둔 후 주기적으로 그 모습을 드러내는 것이 아니다. 감정은 당신의 가장 순수한 부분 가운데 하나이다. 이 환상적인 에니어그램 여행을 하면서 잠시 멈추어 서서 자신의 상황에 대해 어떻게 느끼는지 돌아보고, 행동하기 전에 그 느낌들을 고려해 본다면 아마도 큰 도움이 될 것이다.

8번을 위한 관계

에니어그램이 선사하는 가장 큰 선물 가운데 하나는 우리가 할 수 있는 것, 그리고 할 수 없는 것, 또한 우리가 그냥 받아들이고 인정해야 할 것을 알려 준다는 것이다. 8번에게 전하고 싶은 말은, 다른 모든 사람들이 당신만큼 강하지 않다는 것이다. 다음은 8번이 염두에 두어야 할 몇 가지 사항이다.

: **할 수 있는 것은…**

- 만약 누군가 자발적으로 당신을 따르고자 한다면 당신은 리더의 역할을 잘 감당할 수 있다. 만약 리더의 자리에 선다면 그들이 세상을 보는 방식을 존중해야 할 것이다.

- 결과를 통제할 수는 없겠지만 당신은 계획을 세우고 그 계획대로 이끌어갈 수 있다.

- 당신이 좋아하는 적극적인 사람들을 고용할 수도 있지만, 그렇지 않은 사람들과도 언제든 함께 일해야 함을 기억해야 한다.

- 당신은 중재나 협력 및 인내의 가치를 배울 수 있으며 그것을 실천

하기 위해 자기 인식을 기를 필요가 있다.

- 취약성은 피할 수 없는 것임을 기억하면서 감정적으로 스스로를 보호할 수 있다.

: **할 수 없는 것은…**

- 정보를 받는 대처 방식에서 당신과 다른 여덟 가지 유형들을 고려하지 않는다면 온전할 수 없다.

- 취약성을 피하거나 부인할 수 없지만 여전히 성공적인 관계를 유지할 수 있을 것이다.

- 항상 리더가 될 수는 없다. 당신은 정중하고 품위 있게 다른 리더들을 따르는 법을 배워야 한다.

- 세상의 영향을 받지 않은 채 세상에 영향을 끼칠 수는 없다.

- 행동과 힘으로 모든 문제를 해결할 수는 없다.

- 자신이 느끼거나 경험하지 못한 감정을 공유할 수는 없다.

: 받아들여야 할 것은…

- 당신이 항상 옳은 것은 아니라는 사실을 받아들일 필요가 있다.

- 좋은 결과만을 보장할 수 없다는 사실을 인정해야 한다.

- 당신은 스트레스를 잘 이겨내지만 다른 사람들은 그렇지 않다는 사실을 받아들일 필요가 있다.

- 당신이 초점을 맞추고 있는 것보다 더 큰 무언가가 있다는 것을 받아들여야 할 것이다.

: 관계를 배우다

8번과의 관계에서 가장 중요하게 기억할 것은 그들의 공격성이 상대방을 향한 것이 아니라는 것이다. 그들은 누군가를 해치지 않는다. 그러므로 그들의 강한 주장과 열정에 오도되어서는 안 된다. 우리 삶에서 만나는 8번과 보다 나은 관계를 구축할 수 있는 몇 가지 방법이 있다.

- 8번이 강하고 독단적인 면을 가지긴 했지만 그들 역시 돌봄이 필요

한 사람임을 잊어선 안 된다.

- 만약 당신이 스스로를 옹호하지 않거나, 앞으로 나서지 않거나, 솔직하게 말하지 못하거나, 직접적으로 표현하지 않는다면, 8번 눈에는 당신의 존재가 보이지 않을 것이다.

- 빙빙 돌리지 마라. 8번은 간결하고 솔직하고 진실한 의사소통을 원한다.

- 8번이 관계에서 지배적인 이유는 다만 자신들이 통제당하고 싶지 않아서이다.

- 자신이 하는 어떤 일에서건 최선을 다하라. 당신이 하겠다고 한 일을 하고 그들에게 그것을 전부 알게 하거나 아니면 전혀 모르게 하라.

- 8번은 뒤에서 수군거리고 험담하는 것을 좋아하지 않는다. 게다가 당신이 왜 그러는지 이해하기도 어렵다. 기회가 주어지면 그들은 이렇게 말할 것이다. "왜 다른 사람에게 나에 대해 이러쿵저러쿵 말하는 건가요? 그냥 나한테 직접 말해요. 내가 처리할 문제니까요."

- 8번이 당신에게 만족스럽지 못한 면이 있다면 직접 말할 것이다. 그들이 당신에게 아무 말도 안 했는데 조금 거리감이 느껴진다면,

그것은 아마 당신과는 전혀 상관없는 일일 것이다.

- 8번의 공로에 대해서 인정은 하되 아첨하지는 말라. 그들은 아첨하는 말을 바라지도 않을 뿐더러 믿지도 않는다.

- 8번이 규칙적으로 운동하도록 격려하라. 좋은 운동 프로그램은 그들의 넘치는 에너지를 다소 소모시켜 준다.

- 8번은 때때로 부드러움과 상냥함을 조종과 속임수로 착각한다.

- 8번에게 강렬함은 항상 좋게 받아들여진다. 자신이 생각하고 믿는 바에 대해 확고하고 강해지라.

- 8번은 종종 자신이 다른 사람들에게 어떤 영향을 미치는지 알지 못한다.

자신이 약해 보일까 봐

분노로 장벽을 치지 말라.

스스로의 약함이든 가까운 사람들의

나약함이든 유약한 것을

극도로 싫어하는 1번 유형,

취약한 것은 약점이 아님을 기억하라.

'항상 맞춰 주려는 남편'과
'진심이 궁금한 아내'

- 상대에게 대충 맞춰 주는 것이 해결책이 아니다

매우 재능 있는 음악가이자 9번 유형인 앤디 걸라혼(Andy Gullahorn)은 텍사스 주 오스틴에서 고등학교 시절을 보내며 가졌던 첫 대규모 공연에 대해 주목할 만한 이야기를 들려주고 있다.

내 경력에서 가장 멋진 일은 내가 열여섯인가 열일곱 살 때 일어났어요. 저는 고등학교 때 처음 기타를 배우기 시작했는데 오랫동안 피아노를 쳤기 때문에 매우 빨리 익힐 수 있었죠. 저는 곧장 기타에 빠져들었어요. 법률 사무소에서 아버지와 함께 일했던 여직원이 있었는데 컨트리 밴드에 속해 있었죠. 그분은 어떤 공연이 있는데 제가 우리 동네를 벗어나서도 리듬 기타를 연주할 수 있겠냐고 물었어요. 저는 모든 장소, 모든 사람들과 연주하기 원했기 때문에 당연히 '물론이죠!'라고 대답했어요.

공연은 텍사스 주 페더넬러스(Pedernales)의 소방서에서 열렸어요. 저는 밴드와 함께 즐겁게 연주했고 사람들은 함께 노래를 부르며 차도에서 춤을 추었죠. 우리는 네다섯 곡을 연주했는데, 고개를 들고 사람들을 보니 모두들 멋진 시간을 보내고 있었어요. 그런데 저쪽에서 윌리 넬슨(Willie Nelson)이 우리 쪽으로 걸어오는 게 아니겠어요? 그날이 바로 그의 생일이었는데, 소방서가 그의 농장과 인접해 있었던 거죠. 그는 노래를 부르고 있던 여성과 아는 사이처럼 보였어요. 그 여성은 잠시 이야기를 나누더니 "음, 당신을 위해 노래를 불러 줄까요?"라고 말했어요.

윌리는 "당연하지요"라고 말했죠. 그는 무대에 올라 몇 시간 동안 연주했어요. 윌리가 키(key)를 잡으면 제가 거기에 맞추어서 기타를 쳤는데 정말 기쁘고 행복했죠. 그의 노래라면 전부 다 알고 있어서 연주하는 데 별 어려움은 없었어요. 우리 모두는 화음을 만들면서 즐거워했어요. 어느 순간 문득, 바로 지금이 진정한 나의 첫 공연이라는 생각이 들었죠. 그것도 윌리 넬슨의 조연이 되어서 말이에요.

우리가 제대로 만났던 건 아니지만 공연이 끝난 후 서로 고맙다고 인사를 주고받았어요.[3]

무슨 일이 일어난 것일까?

• 이 상황을 처음부터 끝까지 다 읽었을 때, 당신은 자신을 어떻게 그릴 수 있겠는가?

• 윌리와 함께 리듬 기타를 연주했던 그날 밤을 생각할 때 당신의 반응은 어땠을 것 같은가? 앤디와 같을까, 아니면 다른가?

• 앤디의 반응과 당신이 생각하는 반응의 차이에 대해 에니어그램은 어떻게 설명하고 있는가?

만약 당신이 텍사스에 살고 있는 음악을 좋아하는 16세 소년이고, 당신의 첫 공연이 윌리 넬슨과 함께한 리듬 기타 연주라면 이것은 엄청난 일일 것이다. 물론 당신이 앤디와 같은 9번 유형이라면 컨트리 음악의 전설과 함께한 연주 경험에서 감정적으로 분리될 수 있을 것이다. 사실 우리가 일상생활에서 사람들과 어떻게 관계를 맺고 있는지 더 잘 이해하려면 낯선 사람들을 어떻게 대하는지 살피고 그것을 기반으로 자신을 살펴볼 필요가 있다. 9번은 어떤 관계에서도 관계를 끊을 수 있는 능력을 지녔다.

9번은 벌어지는 사건들에서 스스로를 지우는 경향을 가지고 있다. 다른 사람들과 달리 9번은 누군가와 관계를 맺고 있다는 것이, 그것이 누구든, 그 관계가 얼마나 오래 되었든 간에 자신의 취약성을 경험하는 일이다. 9번은 자신의 존재가 중요하지 않다는 것을 스스로 확인함으로써 그 노출을 관리한다. 그들은 자신이 제공해야 할 것을 내줄 수도 있고 아닐 수도 있다. 하지만 어느 쪽이되었건 그것이 결과에 영향을 미치지 않을 것이라고 믿는다.

그러나 윌리 넬슨은 페더낼러스 소방서에서 멋진 생일 축하 파티를 했다. 기타를 치면서 그가 좋아하는 노래를 불렀기 때문이다. 그리고 그날 밤 윌리와 모든 사람들을 위한 더 멋진 음악의 향연이 펼쳐졌다. 앤디 걸라혼이 윌리의 모든 노래를 알고 있었고, 어떤 키로도 기타를 연주할 수 있었기 때문이다. 앤디의 존재는 앤디 자신 외에는 누구에게도 중요하지 않았다.

9번이 자신의 존재가 중요하다는 생각을 즐길 수 있을 때 그것은 다른 사람들, 특히 그들이 가장 사랑하는 사람들과의 모든 만남에서 긍정적인 영향을 줄 수 있다.

* 평화를 추구하는 화해자

9번은 에니어그램의 모든 번호 중에서 가장 에너지가 적다. 그들은 느긋하고 요구하는 바가 적다. 간단히 말하자면 평지풍파를 일으키지 않는다. 왜냐하면 이들이 경험하기로는 강렬함과 욕망은 종종 불편함과 문제를 일으키기 때문이다. 하지만 하루 종일 느긋한 접근을 유지하는 데는 많은 에너지가 필요하다.

나의 남편 조는 9번이다. 그는 내가 알고 있는 최고의 사람이지만 쉽게 주의가 산만해지는 편이다. 나는 평소에 워낙 스케줄이 많아서 주말이나 휴일이 아니면 집에 있을 시간이 거의 없다. 몇 년 전, 어느 주말이었을까, 조는 내가 집에 있다는 사실에 너무 들떠서 그 시간을 어떻게 보낼지 계획을 세웠다. 나를 행복하게 해주려는 의도를 가지고 말이다. 그 계획에는 함께 자고, 침대에서 아침을 먹고, 영화를 보며, 낮잠을 자는 일 등이 포함되어 있었다. 그리고 나를 위한 가장 큰 보물은 자신과 함께 있는 것이었다.

토요일 아침, 우리가 일어났을 때 그는 나더러 커피를 가져다줄 테니 침대에서 책이나 읽고 있으라고 말했다. 나는 서재에서 책을 한 권 골라 읽기 시작했다. 읽고… 읽고… 읽었다. 얼마 후 현관

문이 열리는 소리가 들렸다. 그런 다음 팬트리 문이 열렸다 닫히는 소리와 신문이 부엌 카운트에 부딪치는 소리가 났다. 그러다 문 위에 설치된 알람에서 차고까지 '삐' 하는 소리가 났을 때는 이게 무슨 일인가 싶어서 궁금해졌다. 차고 문이 끽 하고 열리는 소리와 잔디 깎는 기계 소리까지 들리자 과연 남편이 내가 집에 있다는 걸 기억하고 있는지조차 의심스러웠다.

나는 호주머니에 손을 넣은 채 테라스에 서서 조와 똑같이 궁금함과 실망감을 드러내는 표정을 지었다. 나는 잊혀지고, 중요하지 않으며 간과되고 있다고 느꼈다. 조는 나를 보더니 잔디 깎는 기계에서 손을 떼고 나더러 다시 침실로 가라고 말했다. 곧 커피를 가져다 주겠다는 말을 덧붙였다. 잠시 후 조는 커피가 든 머그잔을 들고 침실 문 옆에 서서 이렇게 말했다. "무슨 일이 있었는지 알고 싶지?"

"네, 무슨 일이 있었는지 알고 싶어 죽겠네요."

"음, 부엌으로 가고 있었는데 옆집 고양이가 문 앞에 있는 거예요. 그래서 고양이를 쫓아내러 갔는데 거기 신문이 있지 뭐요. 그래서 신문을 집어 들고는 비닐을 벗긴 후 쓰레기통에 버렸지. 그리고는 부엌 카운트에 올려놓았는데 바로 위에 광고가 있지 않겠어요? 무엇일 거 같아요? 홈 디포에서 잔디 깎는 기계 부속품을 세일하고 있잖아요. 물론 당신이야 잔디 깎는 기계에 대해선 아는 게 없겠지만….”

“그 점에 대해서는 할 말이 없군요. 사실 저는 잔디 깎는 기계나 그 부속품에 대해서는 아무것도 몰라요.”

“있지, 거기 들어가는 커터 블레이드가 제법 비싼데 사이즈가 기계에 따라 다 달라요. 그래서 우리 건 어떤 사이즈인지 보려고 차고에 갔잖소. 좋은 소식은 우리 기계에 맞는 블레이드가 세일 중이어서 하나를 사면 또 하나를 공짜로 준다지 뭐요? 정말 대단하지 않아요? 그래서 잔디 깎는 기계를 살펴보고는 아름다운 아침이구나 하고 생각했지. 잔디를 깎아야겠어요!”

만약 9번과 관계를 맺고 있다면 그들의 삶이 산만함으로 이루어져 있다는 사실을 받아들여야 할 것이다. 심지어 의도적으로 집중하려 할 때조차도, 그들은 종종 그날의 계획과는 상관없는 다른 뭔가를 하느라 길을 잃곤 한다. 그들이 당신으로부터 주의를 돌려 산만해진다면, 그것은 당신 때문이 아니라 그들의 관점 때문에 벌어지는 일이므로 개인적으로 받아들이지는 말라. 9번은 해야 할 직무에 상관없이, 자기 눈앞에 펼쳐지는 일을 따라간다. 그들은 꽤나 자주 자신들이 주의가 산만한 경향이 있다고 말한다.

갈등과 자기 보호. 사람들마다 피하는 것이 있는데 9번은 갈등이나 충돌을 회피하는 경향이 있다. 그들의 관점에서 본다면, 어떤 결정이 진실성을 수반하지 않는 한 논쟁할 가치가 거의 없다.

그들은 확실히 그들이 '사소한 일'이라고 칭하는 것에 대해 논쟁하는 일에 시간을 낭비하고 싶어 하지 않는다. 아마도 그것이 그들이 평온한 비밀일지도 모르겠다.

사람들은 9번에게 매력을 느끼고 그들과 더 가까워지고 싶어 한다. 하지만 9번은 때로 다른 사람들이 자신에게서 너무 많은 것을 바란다고 느낀다. 사람들은 9번에 대한 모든 것, 곧 그들이 누구인지, 어떤 것을 지지하는지 알고 싶어 한다. 이것은 9번에게 진정한 시험대가 될 수 있다. 왜냐하면 9번은 갈등을 피하기 위해 다른 사람들의 생각이나 의제와 맞추는 경향이 있기 때문이다. 그리고 그렇게 했을 때, 사람들은 다소 혼란스러운 감정을 느끼게 되고 9번이 믿을 만한 사람인지 의구심을 품게 된다.

결혼생활 및 가족 치료사인 크리스 곤잘레스(Chris Gonzalez) 박사는 9번이 다른 사람들과 통합하려는 현상을 다음과 같이 설명한다.

> 저는 제가 누구와 어디에 있는지에 따라 성격 표현이 근본적이면서도 극적으로 바뀌는 경향이 있어요. 그런 이유 때문에 제 스스로를 이해하고 찾기 위해 발버둥쳤습니다. 만약 감정적인 표현을 아주 잘하는 사람과 있으면 저 역시도 매우 감성적으로 바뀌죠. 만약 제 주변의 사람들이 지배적인 성격을 가

졌거나, 건강하지 못한 갈등이나 분노에 이끌리면 저는 고분 고분한 쪽을 택합니다. 저는 그들의 분노를 누그러뜨리고 평화를 최대화시키기 위해 무슨 일이든 하려 들 것입니다.[4]

비록 이렇게 행동하는 동기가 평화로운 느낌을 유지하기 위해서이지만, 크리스는 자신의 일상생활 안에 있는 사람들과 지속적인 관계를 유지하는 데 이런 행동이 얼마나 건강하지 못한지, 그리고 큰 혼란을 일으킬 수 있는지 이해하고 있다.

9번은 아마도 갈등을 정말로 보듬지는 않을 것이다. 하지만 자신이 생각하는 바를 용기를 내서 말하고, 아무것도 잃지 않으면서 자신이 선호하는 것을 알림으로써 까다로운 대화를 받아들이는 것을 배울 수 있다. 그렇게 하면 거의 항상 좋은 관계를 유지할 것이다.

하지만 그렇게 하지 못하면 상대방은 추측하고, 가정하고, 바라게 될 것이다. '사이언스 마이크'라는 팟 캐스트를 진행하는 마이크 맥하그(Mike McHargue)는 갈등과 충돌이 어떻게 관계를 성장시키는 데 도움을 줄 수 있는지 설명한다.

제 자신이 건강한 갈등조차도 회피한다는 것을 깨달았을 때, 그리고 건강한 갈등이 실제로는 친밀감을 만들고 관계를 강화시킨다는 것을 이해했을 때, 그 깨달음 덕택에 제 성격에서 조금 더 약하거나 더 까다로운 면을 완화시킬 필요가 있다고 여길 때 갈등을 경험하고 탐구하는 방향으로 의도적인 발걸음을 뗄 수 있었어요. 그런 통찰력은 에니어그램이 아니었다면 결코 찾아낼 수 없었을 겁니다.[5]

관계 안에서 추측하고, 가정하고, 희망하는 것은 건강하지 않을 뿐더러 진을 빼는 일이다. 그리고 무엇보다 비생산적이다. 다른 사람들처럼 9번도 자신만의 바람과 생각, 선호하는 것들이 있다. 그리고 만약 그들이 위험을 감수한다면 완벽하게 그것을 표현할 수 있다. 게다가 그렇게 하는 것이 그들의 관계에는 더 좋다.

회피할 때 힘을 얻다니!

9번은 종종 오해를 받는다. 그들은 항상 무엇인가를 하고 있는데 가끔씩은 잘못된 시간에 올바른 일을 한다. 최근 9번인 어떤 사람이 텍사스 주 애빌린의 한 목사가 나태함에 대해 다음과 같이 정의하는 것을 들었다고 한다. "나태는 게으른 것이라기보다는 해야 할 일을 못한 채 다른 일을 하느라 바쁜 것을 말합니다."

새로운 용어로 나태의 정의를 듣게 된 후에 그는 매우 큰 충격을 받았다. "저는 일을 정말, 아주 잘합니다. 그리고 제가 하는 일이 중요하다고 모두에게 납득시키죠. 하지만 사실 저는 중요하지만 하고 싶지 않은 일은 미루어 두고 딴 일에서 에너지를 공급받고 있었어요." 이렇게 귀중한 통찰력은 오직 9번만이 설명할 수 있을 것이다.

9번은 해야 할 일을 회피함으로써 에너지를 얻는다. 사실 그들이 하는 가장 좋은 생각이나 가장 창의적인 사고의 일부는 어떤 이유에서건 즉각적으로 관심을 두어야 할 업무를 회피하고 있을 때 얻어진다. 하지만 9번과 관계를 맺고 있는 사람들은 이런 동력을 거의 이해하지 못한다. 그래서 9번이 게으르다고 믿으며, 일을 처리하기 위해 스스로 해야 할 것이라고 가정한다.

평화를 위해서는 무엇이든 할 수 있어

에니어그램에서 가장 주목할 만한 측면 가운데 하나는 그것이 모든 성격 유형에 대해 안전망을 제공한다는 점이다. 9번이 중요하지 않은 문제에서 평화를 위해 상대방에게 맞추어 주는 것은 올바른 행동이라고 할 수 있다. 이것은 관계를 이해하는 데 필수적이다. 행동 결정이 갈등이나 부정적인 결과를 일으킬 가능성을 포함하고 있을 때는, 어쨌든 그 행동을 취하겠지만, 이것은 올바른 행동이라고 간주된다. 9번은 경계선이 없는 우유부단한 사람이 아니다.

하지만 그들은 제한된 양의 에너지를 가졌고, 그것을 어떻게 쓸지에 대해 매우 신경을 쓴다. 따라서 9번은 절대로 흥분하지 않을 일을 다른 번호들은 매우 심각하게 받아들이는 경우도 아주 많다. 9번의 생각에는 대부분의 일들이 갈등의 요점인 위험과 손실을 감수할 만한 가치가 없다.

그러나 어떤 것이 정말로 중요할 때 -일생에 영향을 미칠 중요한 결정을 내릴 때- 9번은 용기 있고 헌신적이며 단호하고 기꺼이 자신의 의견을 피력한다. '사이언스 마이크'는 이것을 다음과 같이 설명한다. "저는 제가 믿는 바를 어떻게 자신 있게 말하는지 배웠어요. 그것은 제가 인생에서 성공하려는 것처럼 보이는 궤적을 그렸지만, 실제로는 평화를 이루려는 저의 노력이 성취되는 방법을 찾은 것이었습니다."

휴가를 어디서 보낼지에서, 저녁으로 무엇을 먹을지에 이르기까지 의견이 일치되지 않으면 9번은 불안감을 느낄 수 있다. 하지만 의심의 여지없이, 중요한 일에서나 극도의 갈등 상황에서 선택이 필요하다는 것을 깨닫게 되면 조금의 망설임도 없이 전진한다. 무엇인가를 옹호하는 데서 오는 어떤 자존감과 가치에 대한 느낌이 있다. 이것은 너무나 중요하기 때문에 가짜 평화로 판명날 일 따위와는 결코 타협할 수 없는 것이다. 이런 일이 자주 있지는 않겠지만, 그래도 그런 일이 벌어지면 9번과 그들의 관계는 더 나아지는 쪽으로 변화된다.

이런 고집불통 같으니라고

8번과 1번처럼, 9번도 에니어그램 상단의 분노형에 속한다. 우리는 8번이 화가 났을 때를 알 수 있다. 그들은 화가 난 이유가 명백하고, 상대방의 반응을 기다린 후 자신의 일상을 이어간다. 하지만 수동공격형의 9번은 그렇지 않다. 그들은 조용하면서도 고집불통이다. 이들은 아마 에니어그램에서 가장 고집이 센 번호일 것이다. 9번은 잔소리를 하거나 밀어붙이거나 강압적으로 굴지 않는다. 따라서 당신의 방법이 9번에게는 잘 통하지 않을 것이다.

아마도 그들과의 관계에서는 성공보다는 좌절이나 실망을 훨씬 더 많이 경험하게 될 것이다. 9번도 상처받고 화가 났을 때 상대방에게 자신의 마음을 알리는 나름의 요령이 있긴 하지만, 그 어떤 것도 직접적이지 않다. 9번이 상처받거나 불만족스러울 때, 그것을 표현하는 비언어적인 시위나 모호한 제안 등에 걸려드는 걸 제대로 파악하려면 약간의 시간과 에너지, 그리고 두 사람에 대한 이해가 필요하다.

화가 났을 때 9번은 좋은 책략가가 아니기 때문에 자신들의 감정을 수동적으로 표현하면서 시간을 번다. 그들은 직접적이고 공격적인 언어 표현이 분열을 초래하게 될까 봐 걱정한다. 또한 일단 목소리를 내고 화를 모두 표출해 버리면 자신의 화난 감정을 억제할 수 없을까봐 우려하기도 한다.

만약 당신이 화가 난 상황에서 곤란한 대화에 9번을 끌어들인다면 대개는 당신이 말을 멈출 때까지 가만히 앉아 있을 것이다. 그러고 나서 일이 해결될 때까지 그 주제는 물론이고 당신까지 어떻게든 피하려고 할 것이다.

분노가 어디서 시작되었는가와 상관없이, 그들은 자리를 뜨거나 사라지는 방법을 택하는 경향이 있다. 그리고 연락을 끊고 자신을 숨기면서 시간이 지나 문제가 저절로 해결되리라 믿는다. 이런 상황에서 도망가는 것이 대개 좌절과 분노를 더 키우게 되고 숨거나 회피하는 것 또한 '문제 해결'과는 거리가 멀다는 것을 이들은 배워야 한다.

만약 당신이 9번과 관계를 맺고 있다면, 그들이 수동공격적인 모습을 보일 때 자신들의 상처와 실망을 간접적으로나마 전달하고 있음을 명심해야 할 것이다. 예를 들자면, 나의 남편 조는 보통 교회에 출근하기 위해 집을 나선 후 한 시간 반 정도 지나서 내게 전화를 건다. 하지만 사이가 좋지 않을 때는 점심시간이 다 되도록 전화를 하지 않는다.

내가 무슨 문제라도 있냐고 물으면 보통은 아니라고 하면서 지금은 통화하기 어려우니 나중에 다시 전화하겠다고 우긴다. 이

지점에서 정말로 일어나고 있는 것은 조가 나의 어떤 행동으로 상처를 받았거나 뭔가를 못하게 되었거나 화가 났다는 것이다. 그는 내가 이 사실을 알기 바라지만 거기에 대해서 허심탄회하게 말하지는 않는다. 이럴 때 그가 원하는 것은 내가 자신의 상태를 인정하고, 그 이유를 알아낸 후 앞으로는 그런 불만을 일으킬 행동을 하지 않고, 아무 일도 일어나지 않은 것처럼 삶을 이어가는 것이다.

공정하게 말하자면, 수년에 걸쳐 연구하고 적용해 본 결과, 직접적으로 의사소통했을 때 조의 상태가 훨씬 더 나았다. 그리고 그의 노력 덕분에 우리의 관계도 더 좋아졌다. 만약 우리가 에니어그램을 몰랐다면, 상처와 실망에 대한 이런 습관적인 반응을 어떻게 알았을지 모르겠다.

  * 9번과 다른 번호들

1번은 곰곰이 생각해 보고 앞으로 나갈 준비를 하는 반면, 9번은 종종 울타리 안에 머물러 있기를 바란다. 때를 기다리는 것은 지혜로운 일이지만, 행동을 취해야 할 때도 있다는 것을 9번은 기억해야 한다.

9번과 2번의 관계는 평범하면서도 보통은 성공적이다. 2번은 자신들이 알아채는 사람들의 모든 감정에 대해 일일이 반응할 필요가 없으며 그것이 건강하지도 않다는 것을 9번으로부터 배우게 된다. 또 다른 사람들의 삶에 과하게 참견하는 성향을 줄이고 자신을 돌아볼 수 있을 것이다.

9번은 에니어그램에서 3번 및 6번과 화살표가 연결되어 있다. 스트레스를 받으면 6번으로 이동하고 안정감을 느끼면 3번으로 이동한다. 9번에게는 3번이 가진 확신과 자신감이 필요하다. 그들은 자신들이 가치 있는 무언가를 줄 수 있고, 자신들의 온전한 참여가 다른 사람들에게 환영받는 일임을 알아야 한다. 6번은 적절한 때에 모든 사람들이 믿을 만한 사람은 아니라는 것을 9번이 인식하고 받아들일 수 있도록 해 준다. 그리고 9번은 6번의 도움을 받아 삶에 영향을 받지 않으려는 태도를 극복하도록 노력해야 할 것이다.

장기적인 관계에서 보면 열정이 부족한 9번의 성향은 4번에게 문제가 될 수 있다.

5번과의 관계에서 9번은 자신이 무엇을 원하고 필요로 하는지 요구해야 한다. 9번이 그렇게만 할 수 있다면 양 쪽 모두에게 좋을 것이다.

9번과 7번은 아주 멋진 세계관을 공유한다. 서로 열린 마음과 다양성에 대한 감탄을 공유하고 있다. 하지만 9번은 분열을 피하려고 대충 맞추어 주는 것을 조심해야 한다. 그리고 7번은 결과에 대해 유념하는 편이 아니므로 9번의 도움으로 결과에도 신경 쓰는 자세가 필요하다.

9번은 8번이 둘의 관계를 정의하도록 내버려 두지 않는다. 그것은 공평하지 않고 둘에 대한 존중이 부족함을 보여 주기 때문이다. 하지만 9번이 자신의 진짜 모습을 드러낸다면 둘은 정말 훌륭한 조합이 될 수 있다.

9번이 다른 9번과 관계를 맺을 때는 각자가 현 상태가 밋밋하게 유지되는 것에 대해 의문을 제기해야 할 것이다.

* 스트레스와 안전감

9번이 스트레스를 받게 되면 종종 의기소침하고, 우유부단하며, 자기 속을 잘 털어 놓지 않으며, 비밀스럽고 고집스러워진다. 그들은 대개 자리를 뜬다(정서적, 물리적으로). 가령 함께 있다 해도 다른 사람들과 기꺼이 소통하지 못하거나 그러려고 하지 않는다. 9번은 무엇에 의해 영향을 받거나 통제되기를 원하지 않는다. 그것 때문에 방해물로 인식된 것을 처리해야 할 중요성이 감소되는 면이 있다. 9번이 이런 행동 패턴을 따라 살아가기 때문에 다시는 잡지 못할 기회를 놓칠 위험도 있다. 인간 관계에 있어서, 삶은 실

시간으로 영위되고, 그것을 경험하기 위해서는 그 자리에 머물러 있어야 한다.

9번이 스트레스를 받을 때 6번의 성숙하고 건강한 행동을 취하게 된다면, 그들은 종종 자신을 둘러싼 환경에 의미 있는 방법으로 영향을 줄 수 있다. 6번과 함께 있을 때 9번은 특별히 더 솔직해진다. 특히 그것이 공공의 선을 위한 최선의 것과 연관된 것이라면 더욱 그렇다.

9번 유형이자 가톨릭 학교 시스템의 관리자인 딸 제니는 학교가 오랫동안 근무한 선생님들을 예우해 주지 않은 채 급여 체계를 변경했을 때 전체 직원을 위해서 목소리를 낸 적이 있다. 제니가 이 일에 개입하여 목소리를 내자 모두들 놀라워했다. 9번은 정의와 관련된 이슈에 대해서 관심이 많다. 그들이 스트레스를 받을 때 상황을 바로잡기 위해 목소리를 높이고 행동을 취하는 것은 놀랄 일이 아니다.

삶이 순조롭게 흘러가고 9번이 안정감을 느낄 때는 3번과 관련된 몇 가지 행동 패턴을 보일 수 있다. 본질적으로, 이것이 의미하는 바는 그들이 행동을 취하고 무엇인가를 실행하며 성취한다는 것이다. 이 공간에서 9번은 달성 가능한 목표를 정한다. 9번이 자신을 믿고 앞으로 나와서 자기 역할을 자신 있게 해내면 특히나 파트너들과 동료들이 기뻐한다.

* 침묵이 답이다

9번은 다른 유형에 비해서 관계 안에서 자신이 누구인지 인식하는 것이 더욱 힘들고 까다롭다. 그들은 삶에 영향은 받지 않으면서 다른 사람들의 생각이나 아젠다에 통합되려는 경향을 지닌 채 이 지구에 온 사람들 같다. 크리스 곤잘레스(Chris Gonzalez)는 이 사실에 대해 누구보다도 잘 설명해 주고 있다. 그는 사람들과 중요한 대화를 할 때, 자신이나 자신과 관련해 '그들이 말하고 있는 것과 뒤섞여 버리는' 일이 생긴다고 말한다. "그것은 마치 뿌연 거울을 보고 있는 것 같아요. 상대방을 보려고 애쓰다 보면 정말 나 자신을 보거나 들을 수 없다니까요."

크리스의 반응은 우리에게 중요한 통찰력을 제공해 준다.

경계선이 좋은 사람들과 함께 지내면 저는 자동적으로 그들에게 동화되는 것 같아요. 내가 생각하는 것과 상대방이 명확하게 표현하는 것을 구분하는 데 너무 많은 에너지가 드는 것 같거든요. 하지만 다른 사람이 가고 난 후에 저는 더 또렷하게 내가 무엇을 원하는지, 무엇을 생각하는지, 무엇을 믿는지 알수 있죠. 나 자신을 아는 데는 정말 많은 에너지가 필요한 것 같아요. 그래서 누군가를 알기 위해 에너지를 다 쓰면 스스로에게는 이상한 기억상실에 걸리는 것 같습니다.[6]

9번과의 관계에서 우리는 종종 그들이 우리의 아젠다에 동의하는 것을 보면서 환영하고 고마워한다. 우리가 원하는 것을 우리 방식대로 얻을 수 있다는 의미이기 때문이다. 그런데 그들이 갑자기 우리가 원하는 것과 상충되는 강한 의견이나 요구를 들고 나오면 놀랍기도 하면서 문제가 된다. 그럼에도 불구하고 이처럼 9번이 자신들의 생각이나 기호, 요구에 대해 말로 표현하고 일관성 있게 드러내는 편이 관계에는 훨씬 더 좋다.

9번과 소통하는 것은 혼란스러울 수 있다. 그들은 종종 당신이 원하는 것을 말하거나 아무 말도 하지 않는 편을 선택한다. 그렇게 하는 것이 관계를 보호한다고 생각하기 때문이다. 그들이 개인적인 일(personal work)을 하기 전까지는 유지보다 더 좋은 방안을 찾지 못한다. 그리고 정직할 수 없거나 솔직해지려 하지 않을 때 분열이 생길 수 있음도 알지 못한다.

9번의 통합하려는 성향과 그들이 이 세상에서 살아가는 방식을 생각해 보면, 누구나 그들이 또래의 압력에 쉽게 굴복하리라고 예측할 것이다. 하지만 그렇지 않다. 이들의 합치나 통합은 9번의 관점에서 볼 때 별로 중요하지 않은 문제들에 대한 것이다. 9번은 다른 사람들의 도움을 받든 안 받든 스스로 결정을 내리고 행동할 수 있는 자질을 가지고 있다. 그리고 그들도 이 사실을 정확하게 알고 있다. 사실 이들은 매우 독립적이다. 그들은 독립적으로 사고하고 혼자 행동하는 것에 만족한다. 사람들이 자신들에게 무엇을 원하고 있는지 정확하게 알고 있는 9번은 어떤 활동에 참여하거나, 무리 안에 속하기 위해 자신의 진실성을 양보하지 않을 것이다. 하지만 대부분들의 다른 번호들과는 달리, 9번은 비록 못마땅해 하는 일이 있어도 침묵한다. 자신이 적극적으로 참여하지 않고 있음이 드러나는 것을 원하지 않기 때문이다.

아주 오래전 내가 십대였을 때, 부모님이 반대할 것 같은 일에 허락 받고 싶을 때 사용했던 말은 다음과 같다. "다른 애들도 다 한단 말이에요." 그러면 부모님은 "그럼 모두가 다리에서 뛰어내리면 너도 같이 뛰어내릴래?"라는 식으로 반응하셨다. 9번은 다리에서 뛰어내리지는 않겠지만 만약 당신이 원한다면 뛰어내리도록 내버려 둘 것이다.

선택이나 행동과 관련하여, 9번은 모든 번호들 중에서 가장 통제하지 않는 유형이다. 그들의 독립에 대한 인식과 평가는 쌍방향이다. 그들은 스스로도 독립적이길 원하고, 상대방도 독립적으로 행동하기를 바란다.

* 삶의 모든 면을 보는 눈을 가지다
나는 종종 사람들에게 시각 장애인 아이들을 가르치는 친구

팻시(Patsy)에 대해 이야기를 한다. 어느 가을 학기가 시작되었을 때 학부모와 학생들이 모인 오리엔테이션 자리에서, 한 안과 의사가 부모들을 위해 앞이 가려진 안경을 가지고 왔다. 볼 수 없다는 것이 어떤 느낌인지 체험하기 위한 것이었다.

결과는 놀라웠다. "부모들은 자기 아이들을 끌어안으며 네가 얼마나 자랑스러운지 모른다고 말했어요. 아이들도 그토록 간절히 원했던 부모의 칭찬에 젖어 있었죠." 팻시가 말했다. 그 특수 안경은 부모들에게 자신의 자녀가 겪고 있는 어려움과 도전을 보여 주었다. "부모들은 아이들이 거의 볼 수 없음에도 많은 것을 이루는 것을 보고는 믿을 수 없어 했어요."

이 이야기는 빌 밀리컨에게 엄청난 영향을 끼치게 되었다. 그는 선천성 질환 때문에 37세 때는 시력을 거의 잃는 아픔을 겪었다. "팻시는 우리에게 사람들이 어떻게 세상을 다르게 보는지, 그리고 다른 사람들의 시선에서 세상을 보는 것이 얼마나 중요한지에 대해 실제적인 사례를 보여 주었어요."

직업적으로 빌은 중재자로 살고 있다. 그는 자신이 9번이기 때문에 거의 항상 갈등의 모든 측면을 볼 수 있고, 또한 공감할 수 있다고 말했다. "좋은 중재자나 화해자는 분명 삶의 모든 면을 볼 줄 알고 이해하며 공감할 수 있는 사람입니다. 이것은 제가 갈등 상황에서 어느 한 쪽이나 다른 쪽에 강한 감정을 느끼지 않다는 것을 의미하지는 않아요. 그것은 단지 제가 공방 중인 모든 사람들의 관점을 명확하게 표현할 수 있다는 뜻이죠. 결국 그것이 모두가 찾고 있는 것이 아닌가요? 그들이 삶에 대해 말하는 것처럼 그것을 볼 수 있도록 이해하는 기회이죠."

유감스럽게도 사람들에 대해 내리는 우리의 판단은 그들의 관점에 대한 공감 없이 형성된다. 이 아이들의 부모들처럼 우리는 다른 사람들이 어떻게 그들의 삶을 살아가고, 이 세상을 항해하고 있는지, 어떤 장애물과 맞서고 있는지 보지 못한다. 이런 무지와 근시안 때문에 관계가 손상되기도 하고 위태로워지기도 하는 것이다.

9번은 더 좋거나 더 나쁜 것을 알아내기 위해 모든 것의 양면을 본다. 이 때문에 9번은 결정을 내리는 것이 매우 힘들다. 그래서 관계에서도 동화나 통합으로 이어지는 것이다. 하지만 건강한 9번이 자신이 원하는 것을 또렷이 표현한다면 대개는 올바른 방향으로 제대로 가고 있는 것이다. 이런 일이 벌어지면 모든 사람이 유익을 얻게 된다.

9번을 위한 관계

에니어그램 여정을 차지하고 있는 한 부분은 우리가 통제할 수 있는 것과 통제할 수 없는 것을 이해하는 것이다. 9번은 자신들이 소중하기 때문에 자신의 목소리도 중요하다는 사실을 기억할 필요가 있다. 여기에 9번이 염두에 두어야 할 몇 가지 사항이 있다.

: **할 수 있는 것은…**

- 갈등을 피하고 문제를 해결하기 위한 정말 좋은 방법들을 배울 수 있을 것이다.

- 순응하는 것을 유감스러워하는 것과 순응하지 않는 것을 꺼리는 마음 사이의 긴장을 관리하는 법을 배울 수 있다.

- 각 개인의 정체성을 포기하지 않을 때 가장 좋은 관계가 형성된다는 것을 인식할 필요가 있다.

- 갈등을 회피하는 것이 종종 갈등을 만드는 요인이 된다는 것을 이

해하면서 건강한 방법으로 갈등을 받아들이는 법을 차근차근 받아 들일 필요가 있다.

:   **할 수 없는 것은…**

- 항상 갈등을 피할 수 있는 것은 아니다.

- '나중에'는 적당한 시점이 아니다. 이 사실을 무시해서는 안 된다.

- 관계에서는 다툼이나 갈등, 손실을 피할 수 없다. 어떤 관계는 지속 되지 않을 것이며, 자신이 의도했던 것과 전혀 다를 것이다.

- 사람들이 당신의 마음을 알아 주기를 기대해서는 안 된다.

- 다른 사람들과 관계를 유지하기 위해 자기 자신을 제쳐 두는 것은 결코 건강하거나 온전하지 않다.

- 문제는 저절로 해결되지 않는다.

- 자기 주장을 꼭 해야 할 때가 있다. 어떤 대가를 치르더라도 그것은 당신이 해야 할 일이다.

- 분노나 실망, 갈등이 없는 건강한 관계는 어디에도 없다는 사실을 받아들여야 한다.

- 주변 사람들에게 당신의 존재는 매우 중요하다. 그들은 당신을 필요로 하고 있으며 당신이 공유하는 삶에 전적으로 개입하기를 원한다.

:   관계를 배우다

9번은 많은 지지와 애정을 필요로 한다. 따라서 만약 9번이 당신에게 솔직하게 "아니오"라고 말할 용기가 있다면 당신이 그들의 솔직함을 얼마나 고맙게 여기는지, 그리고 그들의 반응에 상관없이 떠나지 않을 것이라는 사실을 알려 주라. 다음은 9번과의 관계에서 기억해야 할 몇 가지 사항들이다.

- 9번 역시 자기만의 욕구와 꿈, 선호도를 가지고 있다. 그들이 그것을 말로 표현할 수 있도록 격려해 주라.

- 당신과의 관계에서 그들이 자신의 정체성을 계발할 수 있도록 격려하라.

- 9번은 평화로운 환경의 가치를 알고, 아마도 그것을 필요로 할 것이다.

- 9번은 혼자만의 시간과 자신만의 공간 및 독립을 원하며 필요로 한다.

- "우리가 _____해야 한다고 생각지 않으세요?"라는 말을 하지 말라. 대답은 항상 "그래요"일 것이다. 하지만 그것은 9번이 생각하거나 원하는 것이 아닐 때가 많다. 대신에 이렇게 이야기하라. "____에 대한 당신 생각은 어때요?"

- 9번이 잊었거나 하지 못한 일이 아니라 그들이 하는 것에 초점을 맞추라.

- 9번이 이야기하고 있을 때 말을 중단시키지 마라. 조금 두서없이 말하더라도 여유를 가지고 들어 주라. 곧 요점을 말할 것이다.

- 9번이 관대한 영혼의 소유자임을 기억하라. 만약 당신만 괜찮다면 그들의 장점을 이용하는 것이 용이하다.

- 9번은 정면으로 부딪치는 것을 좋아하지 않지만 그것이 곧 그들과 맞서지 말라는 것을 의미하지는 않는다. 서로 다른 관점을 가지고 있다는 것은 우리 인생이 지닌 일부분이다.

- 9번이 자신의 불만을 당신과 나눌 수 있도록 격려해 주라.

- 9번은 그들이 기대하는 바에 대해서 명확하고 직접적인 의사소통을 원한다.

- 9번이 중요하지 않은 것 때문에 산만해지면 질문을 던짐으로써 에너지의 방향을 돌릴 수 있을 것이다.

- 이것을 명심하라. 그들이 동의한다고 해서 반드시 참여로 이어지지는 않는다. 9번이 참여했다고 해서 반드시 헌신을 나타내는 것도 아니다.

- 9번은 개인적인 결정을 빨리 내리지 않는다. 그리고 보통은 당신의 도움을 원하지 않는다.

'카메라에 집착하는 아내'와
'그로 인해 휴가를 뺏긴 가족'

- 규칙과 지침들로 하루의 성패를 평가하지 말라

　　어느 무더운 여름 날, 내슈빌에서 열린 에니어그램 컨퍼런스에서 강의하고 있을 때였다. 앞 자리에 잘생긴 커플이 앉아 있는 것이 눈에 띄었다. 아만다(Amanda)는 잘 차려 입은 채 집중해서 강의를 듣고 있었다. 한눈에 보아도 매우 친절한 사람처럼 보였다. 크리스토퍼(Christopher) 역시 똑같이 잘 차려 입고 있었다. 깔끔하게 다림질한 셔츠와 말쑥하게 다듬어진 턱수염, 그리고 세심한 표현까지 동일했다.

그들은 내가 8번과 9번에 대해 강의하기 시작했을 때 필기까지 하면서 열심히 들었다. 가끔씩 고개를 끄덕이면서 수긍과 동의를 표현하기도 했다. 그런데 내가 1번에 대해 이야기를 시작하자 모든 것이 바뀌었다. 그들은 무엇인가 불편하고 놀란 것 같이 서로를 계속 쳐다보다가 내 말을 더 주의 깊게 들으려고 몸을 앞으로 기울이기도 했다. 그리고 강의를 하면 할수록 더 괴로워하는 것처럼 보였다. 아만다는 이따금씩 눈물을 흘렸고, 크리스토퍼는 아만다를 위로했다. 그 역시 분명 자신의 감정을 조절하려고 애쓰고 있는 것 같았다. 그때 나는 그들이 둘 다 1번이 아닐까 짐작했다.

1번인 사람들은 1번에 대한 설명을 들을 때 안도감과 함께 놀라움을 금치 못한다. 내가 1번의 관점에 대해서 설명해 주면 종종 동의하면서 고개를 끄덕인다. 모든 상황을 평가할 줄 알고 향상의 잠재력을 볼 줄 아는 그들의 재능에 대해 말했을 때 아만다와 크리스토퍼는 약간 긴장한 것 같았다. 그리고 내가 더 잘할 수 있고, 더 잘될 수 있다는 것을 계속해서 상기시키는 내면의 비평가에 대해 말했을 때는 정말 주의를 집중했다.

아만다는 이렇게 말했다. "1번에 대한 가장 중요한 점은 그 어떤 것도 충분하지 않다는 것이에요. 저는 완벽함을 위해 끊임없이 분투하지만 그것을 이룰 방법이 없다는 겁니다. 그건 불가능해요."[7] 이 사실에 대해 크리스토퍼도 동의한다. "충분하다는 것은 다른 모두에게는 좋겠지만 저는 정확하고 싶어요. 이건 정확한 것만의 문제가 아니에요. 저는 C가 아니라 A+를 만들고 싶어요."

무슨 일이 일어난 것일까?

- 그 무엇도 충분하지 않다고 끊임없이 말하는 무자비한 내면의 비평가가 있다면 어떨 것 같은가?
- 그 목소리와 완벽함에 대한 요구가 우리의 관계에 어떤 영향을 미칠 수 있을 것 같은가?
- 당신이 생각으로는 좋은 것과 옳은 것의 차이점은 무엇인가?

관계의 측면에서 우리가 보는 관점 자체를 변화시킬 수 없다는 것을 기억해야 한다. 이것은 정말로 중요하다. 우리는 다만 자신의 관점 안에서 행동을 바꿀 수밖에 없다. 1번과 달리 어떤 유형들은 무엇인가 제자리에 있지 않거나 작동하지 않음을 알아차리지 못한다. 또 어떤 유형들은 알아차리기는 해도 그것에 대해 신경을 쓰지는 않는다. 우리는 완벽함이 얼마나 1번을 잘 설명하는 단어인지 보게 될 것이다. 하지만 그들은 이 말을 좋아하지 않는다.

이안 모건 크론과 함께 《나에게로 가는 길》(*The Road back to You*)을 집필할 때, 우리는 1번을 어떻게 칭할지에 대해 몇 가지 대화를 나누었다. 내가 아는 1번들은 자신들을 '개혁가'(Reformer) 또는 '평가자'(Evaluator)라고 명명하는 게 어떠냐고 제안했고, 우리는 다른 제안들과 더불어 그 두 가지를 고려했다. 진실은 대부분의 1번들은 생각과 말과 행동에서 완벽을 추구하며 대부분의 시간을 보낸다는 것이다. 그들은 고결한 이유로 그렇게 하지만, 그렇다고 해서 그들이 완벽을 추구한다는 사실이 바뀌지는 않는다. 완벽함은 마치 얼음 조각과 같아서 대기의 변화가 생기지 않는 한 오랫동안 지속된다.

만약 당신이 1번과 관계를 맺고 있다면 소리를 들을 수 없는 비평가와 씨름해야 함을 알아야 한다. 그 비평가는 1번이 생각하는 대부분의 것에서 결함을 찾아내고, 다소 끔찍하고 회복할 수 없는 방법으로 그들의 결함을 지적한다. 안타깝게도 이에 대한 그들의 대처 방법은 다른 사람들에게서 비슷한 실수를 찾아내는 것이다. 게다가 종종 당신에게도 그럴 것이다. 그들은 그 비판이 사려 깊고 자신들을 돌보는 것이라 믿는다. 그래서 모든 사람들이 지적을 받거나 향상되도록 격려받는 것에 대해 같은 느낌을 받는 것이 아님을 배워야 한다.

아만다와 크리스토퍼 같은 1번들의 경우, 그 관계가 아름다우면서도 복잡하다. 그들은 완벽함에 대한 갈망을 공유하지만 무엇이 완벽해야 하는지에 대해서는 각자 다른 우선순위를 가지고 있다. 이 커플에게 있어서 그들이 각자 듣는 비평가의 목소리는 자신들이 평생 동안 처리해야 할 폭력(또는 강요)이 될 것이다. 물론 그들은 이 문제를 다루고 있지만 그들의 도전 과제는 자신과 다른 사람들 안에 있는 어느 정도의 불완전함을 받아들이는 것이다. 그런 다음 그것에 익숙해지는 방법을 찾아야 할 것이다.

  * 최선을 다하지 않는 널 이해할 수 없어!

　모든 일에 있어서 1번의 첫 번째 반응은 "어떻게 하면 이것을 더 잘할 수 있을까?"이다. 이것은 그들이 다른 사람들이 다음과 같이 생각하고 있을지도 모른다는 것을 인식하는 한 좋은 일이다. 가령, "어떻게 이 일을 끝내고 다음으로 넘어가지?" 또는 "정말 이 일을 끝낼 필요가 있나?", "내가 이미 해 놓은 대로 살면 안 되나?", 또는 "이 정도면 충분해", 또는 "그래서 만약 작은 부분을 빼먹으면 어떡하지? 계속 바꾸고 싶으면 그러라지 뭐"라는 식이다.

　1번은 모든 노력과 열정을 다하지 않는 사람들을 이해하기 힘들다. 뿐만 아니라 그들을 그다지 존경하지도 않는다. 그들은 더 못한 것을 받아들이려고 애쓰지만 그럴수록 더 비참해지는 경향이 있다.

나의 오래된 학생 중 한 명이 완벽에 대한 이 갈망을 보여 주는 이야기를 들려주었다. 그는 내가 자신의 인생을 망쳤다고 하면서 이야기를 시작했다. 대부분의 사람들은 내가 자신들의 생명을 구해 주었느니, 또는 에니어그램이 삶을 새롭게 해 주었다는 식의 이야기를 많이 한다. 따라서 처음 그 말을 들었을 때 어떻게 반응할지 몰랐다.

"내가 도대체 무엇을 망쳤다는 거니?"

"음, 선생님도 알다시피 제가 지금 신학교에 다니고 있잖아요? 그래서 책을 둘 여분의 공간이 필요했어요. 그래서 조립용 책장을 하나 샀습니다. 거기에는 스패너와 조립품, 유머감각뿐 아니라 많은 인내심이 필요했어요. 설명서에는 모든 부품에 대한 그림과 함께 누락된 항목이 있으면 페이지 하단에 적힌 1-800번호로 전화를 달라는 말이 있더군요. 근무일 10일 이내에 주문을 하면 배송해 주겠다고 하면서요. 그런데 정말 못 두 개, 나사 한 개, 장식나사 커버 한 개가 없는 거예요. 그래서 '빠진 부품을 주문해서 제대로 조립을 해야지'라고 생각했죠. 바로 그때 머릿속에서 선생님 목소리가 들리는 거예요. '에이, 누가 그렇게 하겠어?' 바로 그 순간 마음이 약해지면서 그 말에 수긍이 되지 않겠어요? 그래서 머릿속에 맴도는 더 나은 의견을 무시하고 빠진 부품 없이 책장을 조립했어요."

　나는 그가 그런 작은 결함을 수용한 것에 축하를 보냈다. 하지만 그는 충분히 확실할 정도로 자신의 선택을 뿌듯해하지도, 나의 영향력에 감사하지도 않았다. 대신 이렇게 말했다. "그 빌어먹을 책장과 한 공간에 있는 걸 견딜 수가 없어요! 그 책장을 볼 때마다, 빠진 나사들이 생각나고 제대로 조립하지 않은 저의 무책임으로 인해 후회가 밀려옵니다. 결국에는 너무 집중이 안 되어서 눈에 잘 안 띄는 곳으로 옮겨 놓았어요. 그 책장을 볼 때마다 스스로에게 실망하게 되거든요."

　에니어그램에서 1번만큼 많이 요구하고 적게 보상하는 유형은 없다. 불완전함은 어디에나 있다. 비록 겉보기에는 완벽해진 것 같아도 한낮의 태양빛 아래 눈송이만큼이나 금방 사라진다. 매일 매일 살면서 자기 자신과 자신의 선택에 대해 비판하는 내면의 목소리 때문에 조금씩 고갈되는 것은 상상만으로도 우리들에게 힘든 일이다. 하지만 우리가 1번과 함께하는 삶을 파악하려고 애쓰면서 이러한 현실을 무시한다면 그 관계는 만족스럽지 못할 것이다.

그 누구보다 나에게 철저해

　나는 텍사스에서 성장했다. 거의 매년 여름마다 우리 어머니는 거기서 농사를 지으며 목축을 하는 여느 어머니들처럼, 신선하고 풍성한 여름 야채와 과일들을 통조림으로 만드셨다. 어머니는 이웃들과 함께 매주 옥수수며 콩, 토마토 등을 (내가 보기엔 제법 무겁고 복잡하고 다소 미스테리하게 보이는) 거대한 압력솥에 넣고는 하루 내지 며칠을 묵히셨다. 압력솥의 증기는 상부에 딸린 조절기에 의해 측정되었는데 압력이 적절하면 흔들리고 압력이 너무 세면 소리를 내며 증기를 내뿜었다.

솥의 압력으로 내뿜어지는 증기는 1번이 화를 내는 모습을 가장 잘 묘사해 주는 그림이다. 1번은 가끔씩 분노로 속을 끓인다. 이것은 그들의 관계에서 매우 힘든 일이며, 깊은 후회로 이어진다. 따라서 그들과 그들이 사랑하는 사람들은 분노를 다스리는 데 필요한 도움이라면 무엇이든 받아야 할 것이다.

기억할 것은 대개 1번의 분노가 폭발이나 소리를 지르는 것으로 나타나지 않는다는 것이다. 오히려 좀 더 음흉한 성격의 분개나 억울함에 가깝다. 1번은 무언가에 화가 났을 때 그 분노를 자기 자신에게 먼저 돌리는데 이것은 부끄러움으로 나타난다. 그것은 자기 자신과 다른 사람들의 결함이나 과실에 대한 수치심이다. 수치심은 쓰라진 성질이 더해져 복잡 미묘한 분노를 야기한다. 이것은 사람들이 1번과의 관계에서 꼭 이해할 필요가 있는 부분이다.

제나(Jenay)는 세 명의 십대 아들을 둔 엄마로 고등학교에서 행정 관리를 맡고 있다. 그녀는 전형적인 1번 유형으로 체계적이고, 꼼꼼하며, 열심히 일하는 사람일 뿐 아니라 새벽 2시에도 공항으로 당신을 마중 나가기를 주저하지 않는 친절한 친구이다. 하지만 그녀는 한두 번 이상 자신의 1번다움 때문에 정도를 벗어났음을 인정한다.

그 사건은 아이들과 함께한 가족 휴가 때 발생했다. "우리는 피닉스(Phoenix)에 머물면서 세도나(Sedona)로 당일 여행을 가려고 계획을 세웠어요." 제나가 자세히 설명하기 시작했다. "거기서 크리스마스 카드에 사용할 멋진 사진을 찍을 생각이었죠."

안타깝게도, 목적지를 얼마 남겨 두지 않은 지점에서 제나는 차 안에 카메라가 없다는 사실을 깨달았다. "솔직히 말해서 처음에는 남편을 탓하고 싶었어요. 하지만 남편은 절대로 사진을 찍지 않기 때문에 저는 그 문제를 재빨리 극복해야 했어요. 카메라도 제 것이었는데 가져온다는 것을 완전히 잊은 거죠." 휴대폰이 없었던 때라 제나의 남편은 편의점에 들러 일회용 카메라를 샀다. "세도나의 모든 풍경이 정말 그림 같았어요. 그런데 우리는 겨우 일회용 카메라로 사진을 찍었다니까요. 일회용 카메라라니 말이 되요?"

제나는 스스로도 인정하듯이 세도나의 아름답고 붉은 바위들을 둘러보고 하이킹을 하면서 전반적으로 시무룩했고, 거의 말을 하지 않았다. 점심 시간이 되었을 때 조금 진정되긴 했지만 너무 명백한 자신의 실수 때문에 여전히 여행에 집중할 수 없었다. "그때였어요. 남편이 친절하면서도 단호한 목소리로 내 눈을 바라보더니 이렇게 말하더군요. '여보, 이제 그만 그 일은 잊어버려요. 카메라 때문에 하루를 몽땅 망칠 수는 없잖소.'"

1번은 잘못된 일이나 들어맞지 않는 것에 강박적으로 집착하기 때문에 큰 그림을 놓치는 일이 잦다. "사랑스런 두 아이들은 모험과 탐색에 마음이 들떠 있었는데 저는 완전히 엉망이었죠." 제나도 수긍했다. "내가 카메라를 안 챙겼다는 자책감이 사그라지지 않았어요. 그 후 몇 년 동안 자기 혐오에 사로잡히지 않는 법을 배우긴 했지만 그날의 기억은 그 어떤 것보다 생생하게 남아 있어요."

또 하나 알아야 할 중요한 사실은 1번이 종종 좌절하지만 화가 날 것처럼 보이는 상황에 좀처럼 화를 내지 않는다는 것이다. 제나는 카메라를 놓고 와서 실망했지만 그날의 추억을 필름에 담지 못해서가 아니라 카메라를 챙기지 않은 자신 때문에 좌절했다. 1번이 화가 나면 그들은 우선 부정하다가, '뭐 어때'라고 했다가, 다시 인정하고는 넘어간다. 그러고 나서는 다음에는 꼭 기억할 수 있도록 모든 사소한 것들(체크리스트!)을 확인하고 완벽하게 자기 통제 아래에 두도록 관리한다.

1번은 심도 깊게 제대로 하는 것을 좋아한다. 그들은 자신이 관계를 맺고 있는 사람들을 보호하고 돌보기 위해 할 수 있는 모든 일을 한다. 그들은 사려 깊고, 신중하며, 늘 유념하면서 도움을 준다. 그러나 1번과 함께 일을 제대로 하는 것은 힘들다. 심지어 관계에서도 그렇다. 그들의 반응은 하나같이 그들이 보는 방식과 관계가 있음을 기억해야 한다. 정작 본인들은 잘못한 것이 하나도 없지만 그들은 모든 곳에서 불완전한 요소들을 본다. 1번은 다른 누구보다 자기 자신에게 훨씬 더 가혹하고 철저하다는 것을 명심하라. 그리고 자신의 인내심이 바닥나거나 자신의 기대가 지나칠 때 (특히 집에서) 깊이 후회한다.

사려깊이 생각할 필요가 있다

1번은 우리 삶을 책임과 일이라는 측면에서 보는 경향이 있다. 그들은 바로 앞에서 일어나는 일에 초점을 맞추고, 적절하게 상황에 필요한 대응을 하려고 노력한다. 1번은 그들이 무엇을 할지, 각각의 상황에 어떻게 잘 반응할지 깊이 생각한다. 종종 이런 태도는 그들이 관계 안에서 정서적인 요구나 기대를 위해 남겨 둔 에너지를 사라지게 만든다.

감사한 것은 해결책이 있다는 것이다. 하지만 1번은 자신이 무엇을 할지, 그리고 어떻게 할지 결정할 때 종종 생각을 하지 않는다. 내가 이 점을 지적하면 그들은 반발하는 경향이 있다. 그들은 자신이 항상 생각하고 있다고 믿는다.

하지만 사실 내면에 있는 성가신 비평가와 계속되는 대화는 사고와는 전혀 다른 것이다. 1번이 종종 생각이라고 착각하는 것은 단지 그들의 내적 비평가의 질문에 반응하는 것일 뿐이다. 감독 교회의 목사이자 두 아이의 엄마인 메리(Mary)는 이것을 다음과 같이 설명하고 있다.

> 1번은 항상 다른 무언가를 해야 한다는 것을 알고 있어요. 그래서 스스로에게 긴장을 늦출 공간을 허락하지 않아요. 그리고 이런 이유로 의도치 않게 우리와 관계를 맺고 있는 주변 사람들조차도 긴장을 풀 수 없게 되죠. 그래서 집에 있을 때면, 무슨 말을 하건 하지 않건 초조하고 불안해요. 왜냐하면 해야 할 일이 몇 가지 있다는 걸 알거든요. 가만히 있을 수가 없는 겁니다. 그 다음날 해도 되는 일인데 말이에요. 오늘 끝내야 할 필요는 없지만 혼자서 이렇게 생각하죠. "지금 약간의 짬이 있으니까 그 일을 끝내야 해." 뭔가를 계속하려는 충동을 느끼면 저는 집에 있는 모든 사람들에게 쉬어서는 안 된다는 메시지를 보낸답니다. "내가 일하고 있으니까 너희들도 움직여야 해. 내가 가만히 있지 않을 때는 너희도 가만히 있으면 안 돼."

만약 1번이 감정을 알아차리며 일하는 것과 다소 사려깊은 분별력 간의 균형을 맞출 수 있다면, 그들은 다른 선택을 할 수 있을 것이다. 그리고 다른 선택을 하게 되면 그들의 관계가 더욱 건강하고 좋게 바뀔 것이다.

모든 것을 잘하고 싶은 마음

나는 살면서 많은 1번 친구들을 만났고, 그들을 정말로 좋아한다. 그들은 멋지고 재미있으며, 사람을 끄는 매력이 있다. 비록 1번이 겉으로는 당당하고 꽤 확신에 찬 것처럼 보이지만, 우리는 모든 사람들이 제각기 두려워하는 것이 있다는 것을 안다. 1번이 두려워하는 것은 나빠지는 것이다.

1번은 다른 사람들의 기대를 충족시켜 주는 것이, 어떤 점에서는 그들을 더 가치 있게 만들고, 또한 그들이 그토록 바라던 안전감을 제공해 준다고 믿는다. 이 때문에 1번의 인간관계는 잘 소통하고 예쁘게 사랑하는 것보다는 잘 수행하는 쪽으로 발달하게 되었다.

하지만 1번이 다른 사람들이 자신들로부터 얻고자 하는 것에 집중하면 할수록, 그들은 자신들의 필요와 욕구에 점점 닿을 수 없게 된다. 이 패턴이 한번 활성화되면, 그들은 다른 사람들이 좋다고 정의하는 것에 얼마나 잘 부합하는지에 따라서만 자신의 선을 이해하게 된다. 시간이 지나면 여러 규칙들과 표준들, 그리고 지침들이 1번이 그날 하루의 성패를 어떻게 평가할지 결정하는 경계들이 된다. 안타깝게도 1번은 종종 내게 자신들이 설정한 기준에 부합하지 못한다고 말한다. 모든 것을 더 좋게 만들고 싶은 가능성은 마치 그림자처럼 그들의 뒤를 따라다니는 것 같다.

나는 온 마음 가득 1번을 향한 존경과 애정을 가지고 있다. 그들이 이런 두려움과 기대의 옷을 입은 채 성인기로 들어서면, 삶이 매우 불만족스러울 수 있다. 1번과의 관계에서는 정직한 것이 최고이긴 하지만 그들이 잘한다는 것을 그들이 들을 수 있는 여러 방법으로 말해주라. 이것은 엄청난 선물이다. 당신이 할 수 있는 모든 방법으로 가능한 한 자주 그렇게 하라.

* 스트레스와 안전감

1번이 가장 좋을 때, 그리고 관계 안에서 건강할 때, 그들은 편안하고, 매력적이며 재미있다. 1번은 항상 성실하기 때문에 자신들에게 중요한 것은 무엇이든 잘 해낼 것이다. 그리고 그들이 최선을 다했을 때 '잘했다'는 것에 대한 의견 차이가 생겨도 양보할 수 있다.

1번이 평균보다 못한 상태에 있으면 따지기 좋아하며 타협하지 않는다. 그들은 많은 것을 기대하기 때문에 그것들이 충족되지 않으면 곧잘 화가 난다. 까다롭고 예측하기 힘들기 때문에 그들의 기분을 맞추어 주려는 당신의 노력들은 종종 허사가 될 것이다. 이런 행동은 1번다움에서는 과잉을 나타내는데 결코 좋은 것이 아니다. 다른 번호들의 경우, 평균보다 못한 상태에 있을 때 모두들 고군분투한다. 따라서 우리의 관계를 존중하기 위해서는, 자기 관점에서는 중요해 보이지만 결국 자신과 자신이 관심을 쏟는 사람들 사이를 갈라 놓게 되는, 일을 확대시키는 행동들을 주의할 필요가 있다.

1번이 너무 많은 스트레스를 경험하게 되면 그들은 실수에 도덕적 가치를 부여하기 시작한다. 다른 사람들이 마감일을 놓치거나 회의를 잊어버리면, 그것은 확대될 수 있다. 1번은 먼저 그 동료에게 게으르거나 무심하다고 딱지를 붙일 것이다. 하지만 더 심해지면 쓸모없거나 나쁜 사람이라는 꼬리표를 붙일 수도 있다. 그런 꼬리표들은 깊은 상처와 손상을 입힐 수 있고, 관계를 완전히 바꾸어 놓기도 한다. 명심해야 할 것은 그러한 행동이 출처가 1번이 실수하거나 마감일을 놓칠 때 자신을 꾸짖는 방식에서 직접적으로 나온다는 것이다. 자신에게 하듯이 다른 사람들에게 똑같이 하는 것이다. 하지만 다른 번호들은 그런 식으로 자신을 학대하지 않기 때문에 그런 행동을 용인하려고 애쓴다.

스트레스를 받고 있을 때 1번의 자연스러운 반응은 자신이 완벽하게 해낼 수 있는 일에 집중하는 것이다. 1번인 나의 친구는 이것에 대해 이렇게 말한다. "온 세상이 지옥 같이 느껴질 때면 난 욕실 청소를 하지."

고맙게도 에니어그램은 우리에게 관계를 보호하고 아픔과 고통을 덜어 주는 다른 번호들로의 직관적인 이동을 보여 주고 있다. 스트레스를 받으면 1번은 4번으로 이동한다. 거기서는 자기 감정을 경험하고 표현하는 다른 방법을 접할 수 있다. 4번의 에너지를 가지면 자신이 나쁘다거나 타락했다거나 게으르다거나 멍청하다 (1번이 스스로에게 붙이는 몇몇 꼬리표들)는 생각을 받아들일 필요가 없다. 대신 고치거나 바꿀 필요가 없는 감정들과 맞닿을 수 있다. 이것은 좋은 것이다. 비평가는 감정에 대해서만큼은 행동만큼이나 큰 목소리를 낼 수 없기 때문에 1번은 죄책감에서 잠시나마 벗어날 수 있다. 그런 다음 그들은 훨씬 더 건강한 방법으로 이 세계와 다시 연결될 수 있다.

1번이 안정감을 느끼면 7번의 에너지와 행동에 접근할 수 있다. 이때는 긴장이 풀리고 조금 쉴 수 있다. 그들은 삶과 일, 관계를 대할 때 판단은 줄이고 보다 수용적이고 평온한 마음으로 바라볼 수 있다. 그리고 조금 더 재미있게 지낼 수 있다.

나의 아버지는 1번 유형, 어머니는 5번 유형이었다. 내가 입양되기 전까지, 그분들은 세상을 보는 각기 다른 방식과 차이점 때문에 힘겨운 싸움을 하셔야 했다. 두 분은 서로를 매우 사랑하셨다. 내가 보기엔 일하는 만큼 놀기도 하셨지만, 일하고 있을 때는 결과에 대해서 아주 진지했다. 어머니는 종종 이렇게 말씀하셨다. "네 아빠는 뭔가가 잘못되면 무척 가슴 아파하신단다. 하지만 그 일을 바로잡으면 세상 모든 것이 다 괜찮아지지."

   * 1번과 다른 번호들

   다른 1번과의 관계에서 그들은 깊은 이해를 경험하게 될 것이다. 하지만 계속되는 불만은 대부분의 측면에서 관계를 향상시키는 길을 열어 준다. 정말로 어떤 것은 그대로 충분히 좋다.

   1번과 2번은 삶에 대해 다르게 반응한다. 2번은 관계 중심적인데 비해 1번은 실용적이다. 1번은 2번이 집중력이 떨어진다고 생각하는 경향이 있으며, 2번은 1번이 너무 경직되고 융통성이 없다고 생각한다. 하지만 둘 다 절충의 기술을 길러야 한다.

   1번과 3번은 모두 일을 완수하고 싶어 하고, 최고가 되기를 원한다. 그러나 1번이 일의 모든 단계를 정확하게 처리해야 한다고 믿는 반면, 3번은 절차를 무시한다. 1번은 이처럼 같은 목표를 향해 가지만 다른 길을 선택하는 것에 대해 신중하게 판단할 필요가 있다.

1번의 정서적인 필요는 종종 억압되므로 4번에게서 이원적 사고의 패턴에 빠지지 않고 감정에 집중하는 법을 배울 필요가 있다. 그리고 4번은, 집중력을 유지한 채 일을 시작하면 끝을 보는 1번의 능력을 통해 유익을 얻을 수 있다. 이 둘의 관계는 서로에게 극히 이로울 수 있다.

　　5번과의 관계에서 1번은 상대방이 침묵하는 것도 일종의 판단이라는 생각을 버릴 필요가 있다. 5번은 대부분의 시간을 말없이 지내는데 상대방을 판단하는 일은 거의 없다. 1번은 다른 사람들이 무엇을 생각할까 추측하는 것을 피해야 한다.

　　2번, 6번, 1번은 자신들 앞에 일어나는 일에 반응한다. 부분적으로 처음의 반응은 무언가를 하는 것이기 때문이다. 1번은 자신들의 방법이 유일한 바른 길이 아니라는 것을 명심해야 한다.

　　7번은 1번의 규율이 필요하고, 1번은 7번의 융통성과 자발성이 필요하다. 어느 정도 서로에 대한 인식이 있다면 아주 훌륭한 팀이 될 수 있다.

　　1번과 8번은 둘 다 이원론적이고, 옳고 그름을 생각하며, 대부분의 경우 자신이 옳다고 믿으며, 충분히 사고하지 않고 반응하는 경향이 있다. 더 긍정적인 측면은, 1번은 8번의 자유로움에 감사하고, 8번은 1번의 규율을 존중해 준다.

　　1번은 9번과 공통점이 아주 많다. 비록 이유는 다르지만 둘

다 화를 억누르는 유형이기 때문이다. 그리고 둘 다 결정에 대해 오랫동안 곰곰이 생각하기를 좋아한다. 그래서 행동을 취해야 할 때가 되면 누군가는 앞으로 나서야 한다는 것을 명심해야 한다.

* 너무 심각하게 받아들이지마라

1번은 일을 잘하기 위해서 지나칠 정도로 노력하는 경향이 있다. 그들은 너무 많이 생각하고, 너무 많이 말하며, 너무 많이 검토할 뿐 아니라 너무 많은 계획을 세운다. 뭐든 과하게 되는 이런 경향은 일을 제대로 하고 싶은 그들의 정직하고 깊은 갈망에서 비롯된다. 1번은 놀라울 정도로 책임감을 지닌 사람들이지만, 자신과 다른 사람들에 대해서 지나치게 많은 책임을 떠안게 되면 약간의 분노와 억울함을 경험할 수도 있다. 따라서 1번에게 정말 중요한 것은 "내가 해야 할 일이 무엇이지?"라고 묻는 일을 멈추고 자꾸 뭔가를 하려는 유혹을 최소화하는 것이다.

1번은 다른 사람들보다 관찰력이 뛰어나다. 그들은 자기 자신과 다른 사람들, 그리고 그들을 둘러싼 환경을 잘 알고 있다. 이런 종류의 인식은 모두를 위한 선물이 될 수 있지만, 반대로 한계가 될 수도 있다.

명심하라. 1번은 에니어그램 유형 중에서 일의 모든 단계가 정확하게 이루어져야 한다고 믿는 유일한 사람들이다. 따라서 스스로를 위해서 설정한 높은 기준이 다른 사람들에게 부당한 기대가 되지 않도록 각별히 유의해야 할 것이다. 또한 1번은 어떤 것이 충분히 좋다고 생각될 때 그 정도에서 멈출 줄 아는 법을 배울 필요가 있다.

나는 종종 1번들에게 어떤 일을 너무 심각하게 받아들일 때를 유의하라고 말해 준다. 1번이 너무 많은 것에 지나치게 진지해지면(생각이 너무 많아진다거나 계속 그 문제만 골똘히 붙들고 있다면), 자신과 다른 사람들을 매정하게 몰아세울 수 있다. 긴장을 풀고 분위기를 전환해야 한다는 것을 감지할 때조차도 그렇게 하는 것이 힘들다.

* 상대를 참을 수 없다면…

몇 년 전 부활절 아침이었다. 나의 네 자녀들과 손자 손녀들은 남편 조가 사역하고 있는 교회로 함께 향했다. 그런데 손주들이 모두 내 옆에 앉으려고 했다. 아마도 부활절예배가 보통 때보다 늦게 끝난다는 것과 내 지갑에 늘 사탕이 있다는 것을 알았기 때문일 것이다. 그날은 무척 더웠다. 나는 파스텔 톤의 린넨 재킷을 입고 있었는데 점심이 가까워오자 꽤 구겨져 있었다.

조가 막 설교를 시작했을 때 당시 8살이던 손자 노아가 내 팔을 치더니 속삭이듯 물었다. "할머니, 할머니네 다리미가 고장 났어요?"

"아니. 왜?"

"할머니 옷이 엉망이에요! 왜 다림질을 안 하셨어요?"

나는 일곱 명의 손주들을 모두 사랑한다. 그리고 어떤 면에서 에니어그램에 관한 나의 연구가 그들이 살아갈 세상을 더 좋게 만들 것이라 기대한다. 그 아이들이 어떤 유형인지 정확하게 알 수는 없지만 분명 노아는 1번일 것이라고 확신한다. 나는 노아에게 다정하게 말해 주었다. "아하, 이 주름을 말하는 거니? 이 재킷은 린넨으로 만든 건데 린넨은 이렇게 주름이 많아. 하지만 모든 사람들이 다 알고 있는 거니까 괜찮아."

노아는 몇 분 동안 잠잠하게 있더니 다시금 나를 툭툭 치면서 말했다. "제 생각엔 틀림없이 할아버지가 정말 당황스러우실 거 같아요. 그냥 보기에 안 좋아요, 할머니."

나는 작은 목소리로 할아버지가 당황하지 않았으며, 노아가 조용히 설교 말씀을 들어야 한다고 말했다. 나는 노아도 그러기를 바라며 설교에 집중했지만, 손주 녀석은 나의 구겨진 재킷에서 눈을 떼지 못하는 것 같았다. 마침내 노아는 일어서서 예배 좌석 저쪽 끝으로 옮겨갔다. 아마도 그 녀석이 유일하게 평온을 찾을 수 있는 곳이 그곳이라 생각했던 것 같다.

1번을 위한 교훈은 이것일 것이다. 만약 당신이 보고 있는 것을 참을 수 없다면, 거기서 벗어나라. 도움이 될 것이다.

반면 1번을 사랑하는 사람들을 위한 교훈은 이것이다. 그들이 자신에게 친절하도록 상기시켜 주라. 그러는 것이 당연한 도리이기 때문이다.

*1*번을 위한 관계

아마도 그 어떤 번호보다 1번은 자신들이 받아들여야 할 무엇이 있다는 현실을 수용하기 위해 발버둥치고 있을 것이다. 여기에 1번이 명심해야 할 몇 가지 사항들이 있다.

: **할 수 있는 것은…**

- 당신은 삶에서 당신을 '얻는' 사람을 만날 수 있다. 그는 또 다른 1번 유형이거나 1번을 이해하는 누군가일 것이다.

- 당신은 다른 사람들이 당신이 생각하는 방식으로 일을 하지 않을 때도 자비로울 수 있다.

- 당신이 완벽을 추구할 수는 있지만 완벽함에 도달할 수는 없다. 완벽함은 순간적인 것이며 무엇인가 달라지면 모든 것이 바뀌게 된다.

- 비록 혼자서는 할 수 없겠지만 당신이 발견한 것보다 더 나은 것을

위해서 최선의 노력을 할 수 있다.

: **할 수 없는 것은…**

• 만약 당신이 스스로에게 계속해서 높은 내적 기준을 고집한다면 내면의 평화를 누릴 수 없을 것이다.

• 당신 안에 있는 비평가의 끊임없는 이야기에 기초하여 자신의 가치나 선함을 측정한다면 절대로 정확하게 평가할 수 없을 것이다.

• 당신은 모든 사람이 당신과 똑같이 세부사항에 주의를 기울이는 세상에서 살 수 없다.

• 당신은 다른 사람들이 세상을 보는 관점을 바꿀 수 없다.

• 당신이 정의하는 것처럼 다른 번호들이 완벽함을 성취하리라 기대할 수 없을 것이다. 그것은 단순히 선호의 문제가 아니라 그들이 세상을 보는 방식이며 당신이 무엇을 하든, 뭐라고 말하든 결코 바뀌

지 않을 것이다.

:   **받아들여야 할 것은…**

- 당신의 방식이 유일하고 옳은 것이 아님을 받아들여야 한다.

- 어떤 것은(어쩌면 많은 것들이) 충분히 좋다.

- 자신과 다른 사람들이 쉴 수 있도록 일을 멈출 필요가 있다.

- 당신은 있는 모습 그대로 정말로 좋은 사람이다.

:   **관계를 배우다**

1번은 종종 스스로의 가치나 훌륭함을 의심하기 때문에 자신이 좋은 사람이고 사랑받고 있다는 사실을 귀로 들을 뿐 아니라 믿을 필요가 있다. 어떤 면에서 내면의 비평가가 내는 소리는 관계의 일부분이기도 하다. 다음은 1번과의 관계를 성장시키는 몇 가지 방법들이다.

- 1번은 칭찬보다 비판을 많이 하는 경향이 있다. 따라서 당신이 잘한 일보다는 잘못한 일에 대해 더 많이 이야기한다고 생각할 수도 있다. 칭찬은 고래도 춤추게 한다는 사실을 그들에게 가르쳐 주라.

- 1번이 당신에게 자신이 좋은 사람인 것과 일을 잘한다는 것을 증명하고 보여 주어야 한다고 느끼게 해서는 안 된다.

- 그들의 실수를 지적할 때는 신중하고 부드럽게 해야 한다. 만약 당신이 너무 강하게 나가면 그들은 쉽게 위축될 수 있다.

- 관계에서 실수했을 때는 빨리 인정하라.

- 그들의 성실함을 소중히 여기고, 어느 한쪽에도 휘말리지 않는 그들의 높은 기준을 존중해 주라. 이 둘은 모두 당신이 아니라 세상을 보는 그들의 방식을 나타내 준다.

- 1번은 공평성의 가치를 알고 있다. 그들은 열심히 일하며 당신에게서도 똑같은 것을 기대한다.

- 1번은 자신들이 그러하기 때문에 당신도 충실하고 믿음직하기 바란다.

- 1번과 싸우게 된다면 당신이 그 갈등을 해결하기 바란다는 것을 알리라. 그들은 당신이 일을 처리하기 위해 온힘을 쏟고 있다는 것을 알 필요가 있다.

- 1번은 자신들의 모든 노력들이 높이 평가받는 것을 좋아하기 때문에 감사 카드나 메모, 포상, 작은 선물 같은 것을 좋아한다.

- 1번은 질서를 좋아한다. 따라서 그들과 공유하는 공간에서는 그것을 존중해 주는 것이 도움이 될 것이다.

- 상대방을 놀리거나 아무렇지 않게 내뱉는 말을 조심하라. 1번은 작은 비판에도 매우 민감하다.

- 업무와 책임에서 자유로울 수 있는 여가 시간이나 휴가를 지원해 주라. 집에서 휴식을 취하도록 격려하고, 하루 일과를 구두로 처리할 수 있도록 도우라.

- 1번과 논쟁이 되는 일이 생기는 것은 종종 그들이 세상을 보는 방식 때문이지 당신 때문에 그런 것 절대로 아니다. 그때 당신이 할 수 있는 유일한 일은 무엇인가(그들의 마음이든 상황이든)가 바뀔 때까지 기다리는 것이다.

불완전함은 어디에나 있다.

사소한것에 집착해 행복을 놓치지 말라.

있는 모습 그대로 인정하라.

내가 충분히 좋은 사람이고

사랑받을 가치가 있는 존재임을 믿으라.

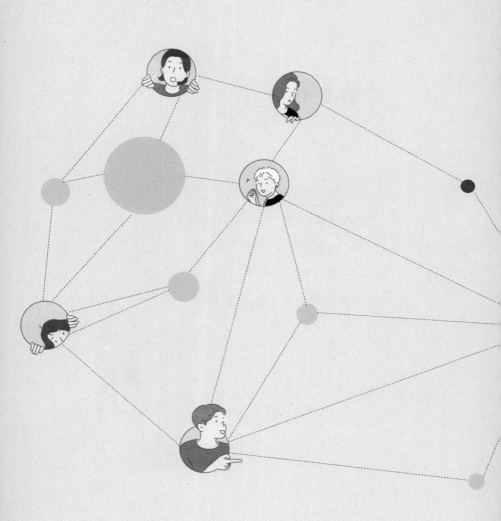

PART 2

가슴형 또는 감정형

남에게 보이는 것이 중요한 이 사람, 어떻게 사랑해야 할까

2번유형/ 3번유형/ 4번유형

'헌신적인 목회자'와
'무심한 성도'

- 줘야만 관계가 맺어진다는 생각을 그만두라

몇 년 전, 나는 헌터(Hunter)와 대화를 처음 시작했다. 그는 전임 목사와 파트타임 변호사 일을 모두 훌륭하게 해내는 것이 자신의 소명이라고 했다. 헌터는 나와 같은 2번 유형이어서, 우리의 대화는 2번들이 가장 좋아하는 것으로 재빨리 모아졌다. 그는 이렇게 말했다. "글쎄요, 변호사가 된다는 것은 항상 상대방이 말해 주지 않은 한 가지를 찾는 것과 같습니다. 고객이 사무실에 들어올 때마다 놓치게 되는 중요한 사실은 그들이 자신들의 속내를 다 드러내지 않는다는 것이죠. 따라서 사람들이 말하는 것을 들으면서 그들이 꺼내지 않는 사실을 직감적으로 알아내려 애써야 합니다. 그리고 무엇을 빠뜨리고 있는지 알아차려야 하죠."

그것은 확실히 나에게는 익숙한 영역이었다. 그래서 이렇게 물었다. "그 재능이 목사님의 사역에서는 어떤가요?" 잠시 후 헌터는 그것이 아주 복잡하다고 말했다. 사람들과 관계를 맺고 그들을 도울 준비가 되어 있다는 것은 목사로서 특별한 재능이 된다. 하지만 다른 한편으로는 2번이 끔찍한 경계를 가질 수 있고(자신을 다른 사람들과 분리시키지 못할 수 있고), 자신과 사람들에게 도움이 되지 않는 방식으로 그들의 삶에 말려들 수도 있다는 것이다.

그러고 나서 헌터는 이렇게 고백했다. "하나 더 덧붙이고 싶은 것은 목사가 된다는 것이 아주 외로운 일이 될 수 있다는 겁니다. 그것은 상호적인 면이 부족하죠. 2번의 관계는 항상 다른 사람에 대한 것이죠. 연결이 끊어질 수 있기 때문에 자신이 원하거나 느끼는 것을 말할 수 없거든요."

그는 계속해서 자신을 잃어버릴 정도로 다른 사람들을 돕는 데 몰두하고 있는 스스로를 발견했던 것과 여러 사역에서 경험했던 고립에 대해 말했다.

"혼자 있을 때면 나는 누굴까 하는 생각이 들어요. 잘 모르겠거든요. 저는 다른 사람들이 저에게 감사를 표현하고 반응해 주기를 원해요. 하지만 그것을 강요하고 싶지는 않아요. 그리고 다른 사람들로부터 포상이나 칭찬을 받게 되면 그것을 어떻게 표현해야 할지 모르겠어요. 그래서 설교가 끝난 후 20분이 목사로서는 가장 까다롭고 힘든 시간이랍니다. 예배 후 저는 사람들이 '지금까지 들었던 설교 중에 최고였어'라고 말하는 것을 듣고 싶지만 정작 그런 말을 듣게 되면 믿지 못하죠. 따라서 실제로 제 사역을 즐긴다고 할 수도 없어요. 그것은 제가 필요로 하는 어떤 것과 같아요. 맛을 못 느끼는 것이죠. 저는 사람들이 저나 저의 사역을 긍정적으로 봐 주기를 원하지만 그것을 받아들이지 못하죠. 그래서 그것을 모면하는 법을 배웠어요. 그냥 대화의 방향을 바꾸어서 내가 아닌 다른 사람에 관해 말하는 것이죠."

무슨 일이 일어난 것일까?

- 다른 사람들의 이야기를 들을 때, 당신은 그들이 빠뜨린 것이 무엇일까 궁금한가?
- 헌터가 다른 사람들의 필요나 요구를 감지하고 그에 대응하려는 충동을 느낀다고 할 때 그 말이 친숙하게 들리는가?
- 헌터가 자신의 필요나 요구를 말하는 것이 다른 사람들과의 연결을 끊

어 버릴 수 있다고 믿는 것에 대해서 어떻게 생각하는가?

- 지지나 긍정의 말을 듣게 될 때 그것을 정말로 믿는가? 왜 그런가, 아니면 왜 그렇지 않은가?

2번은 세상을 감정으로 읽는다. 그들은 자신의 감정을 포착하여 다른 사람들과 연결되며, 뭔가를 함으로써 반응한다. 그들이 감정을 너무 쉽게 표현해서 당신은 그 느낌들이 그들의 것이라고 생각하겠지만 그런 경우는 거의 없다. 2번은 다른 사람들의 감정을 느끼기 때문에 자신이 실제로 무엇을 느끼는지 말하기가 매우 어렵다. 그것은 2번과의 관계에서 많은 함축적 의미를 지닌 힘겨운 진실이다.

* 나도 내가 누구인지 모르겠어

2번에게는 모든 것이 관계적이다. 그들은 자신과 마주치는 거의 모든 사람들과 연결됨으로써, 혹은 정기적이든 반 정기적이든 관계를 맺음으로써 이 세상에서 자신의 길을 만든다. 이것이 2번이 자신을 파악하는 방식이다. 내가 나 자신을 "조의 아내입니다", 또는 "수(Sue)의 입양 딸입니다", "조엘의 엄마예요", "윌의 할머니예요"라는 식으로 소개하는 대신 "저는 수잔 스테빌입니다"라고 말하기 시작한 것은 아마도 쉰 살쯤이었을 것이다.

2번은 누군가로부터 정보를 얻지 않은 한 자신이 누구인지 모른다. 2번인 한 사람은 이렇게 말했다. "침묵 수련회에 갔을 때, 저는 문자 그대로 남편과 아이들, 친구들, 동료들과의 관계를 빼고 아무것도 생각할 수 없었어요. 기도할 때도 다른 사람들을 위해 기도하고, 책을 읽을 때도 내가 읽은 책이 누구에게 도움이 될지 생각했죠. 이렇게 다른 사람들에게 초점을 맞추다 보니 정작 나 자신을 아는 데 필요한 에너지가 거의 남아 있지 않은 거예요. 예전에 누가 저에게 '바라는 게 뭔가요?' '어떤 기분이세요?'라는 질문을 했는데 제게는 너무 어려운 질문이었어요. 정말 대답을 못 하겠더라고요. 대부분의 2번처럼 저도 감정을 느끼긴 하지만 제 자신에 대해서는 거의 알지 못하고 제 감정을 표현할 줄도 모르겠어요."

어떻게든 '내가' 책임질게!

2번은 모든 사람이 어떤 식으로든 스스로 책임져야 한다고 믿는다. 하지만 2번은 다른 이들의 요구를 충족시켜 주는 일에 자부심을 느낀다. 그것이 2번의 열정(또는 죄)이다. 헌터와의 대화에서 그는 이런 말을 했다. "어렸을 때 누가 절 싫어하면 완전히 비탄에 빠질 거라고 생각했던 기억이 나네요. 난 최고가 될 수 있고, 가장 많은 도움을 주며 가장 사랑받는 사람이 될 수 있다는 자만심 같은 것이었죠."

돈 리소(Don Riso)와 러스 허드슨(Russ Hudson)은 2번의 죄인 자만심에 대해 다음과 같이 정의하고 있다. "다른 누군가의 필요에 대해서는 돌아보면서 자신의 필요와 고통은 인정하지 않거나 받아들이지 못하는 마음."[8] 이 세상은 자유롭게 항해하면서 정작 자신의 필요에 대해 인식하지 못하는 2번은 엄청난 고통을 겪고 있다.

이 패턴을 바꾸려면 중요한 두 가지 이유 때문에 많은 개인적인 노력이 요구된다. 첫 번째는 2번이 대개 자신을 누군가의 도움을 받을 만큼 소중하지 않다고 본다는 것이다. 두 번째 이유는 좀 더 복잡한데, 그들이 자신의 필요나 바람을 표현했을 때 아무도 반응하지 않을까봐 두려운 것이다. 그렇게 되면 그 실망과 고통을 이겨내지 못할 것이라고 믿는다. 하지만 관계라는 것은 상호적이다.

따라서 2번은 자신이 원하는 것과 필요한 것을 직접적으로 요청하는 법을 배울 필요가 있다. 그러고 나서 그것을 받을 줄 아는 예의도 길러야 한다. 그렇게 하지 않으면 종종 사람을 조종하는 것에 의지하게 된다. 사람들과의 관계도 어느 누구도 만족할 수 없는 부정직한 성격을 띠게 된다. "오늘 저녁에 요리를 안 해도 되면 얼마나 좋을까"라고 말하는 것과 "오늘 저녁은 밖에 나가서 먹으면 어떨까요? 너무 피곤해서 음식을 만들고 싶지 않네요"라고 말하는 것은 전혀 다르다.

당신은 2번이 지닌 조종의 재능이 어떻게 그들을 순교자로 둔갑시키는지 볼 수 있을 것이다. 그리고 이런 종류의 조종과 순교자 노릇에는 충족되지 않은 기대와 당연한 것으로 받아들여지는 느낌 때문에 일어나는 분노가 동반된다.

하지만 전혀 그럴 필요가 없다. 건강한 2번이라면 자신의 필요를 알고 그것을 다른 사람들에게 요청하는 법을 안다.

모든 이들과 관계하려는 욕구

2번 유형인 나는 주는 것이 정말 익숙하다. 수년에 걸쳐 나의 이타적인 관대함을 정직하게 검토하는 노력을 해보았는데, 그 결과로 내가 베푸는 사람이 되는 것이 종종 힘을 받는 장소 같은 느낌임을 깨달았다. 하지만 이 관대함에는 예상치 못한 때에 2번에게 몰래 다가가는 취약함이 있다.

주고 싶은 욕구가 여러 번에 걸쳐 반복되면 그들 안에도 한계가 드러나게 되고 2번은 다른 사람들에게 한 약속을 지키기 위해 애쓰게 된다. 2번은 쉽게 나서서 사람들을 돕지만 상대방의 기대가 2번이 받는 감사보다 더 커지면 2번의 만족감은 사라지고 만다. 누군가와 관계를 맺기 시작하면 2번은 관계에서 물러서려고 애쓴다. 이것은 그들이 계속 안게 되는 딜레마이다.

2번이 어느 날 갑자기 다소 멀게 느껴지고 연락이 닿지 않게 되면 한동안 2번으로부터 후한 관심을 받았던 상대방은 매우 혼란스러워한다. 2번의 관점에서 본다면 그들은 자신이 고갈될 때까지 주었기 때문에 지쳐 있을 뿐 아니라 스스로를 돌볼 에너지조차 남아 있지 않았기 때문에 자신의 삶으로 돌아온 것이다. 그들은 자신의 노력이 인정받지 못했고, 당연한 것으로 여겨졌다고 느낀다. 그리고 힘들고 두렵다고 느낀다. 그들이 느끼는 두려움은 주로 자신의 가치가 자신이 주는 것에 의해 결정된다고 생각하기 때문에 생긴다. 만약 그들이 더 이상 줄 것이 없다면 자신이 가치가 없다고 몸부림치게 된다.

문제는 2번이 모든 사람들과 관계를 맺으려 한다는 것이다. 레스토랑의 직원들, 애견 미용사들, 배관 수리공, 교회의 모든 사람들, 직장에서 함께 일하는 동료들, 자신의 이웃들 등 그런 관계들 가운데 일부는 좋게 발전될 수 없거나, 건강할 수 없거나 상호적일 수 없다. 2번이 자신들의 감정에 대해 진이 빠진다거나, 원망스럽다거나, 지쳤다거나, 좌절감을 느낀다는 말로 묘사하기 시작하면 그것은 종종 누군가의 도움이 필요하다는 그들만의 표현 방법이다.

내 편은 누구일까?

2번은 상대방의 감정을 읽음으로써 자신의 길을 만든다. 그리고 행동 하는 것으로 그에 반응한다. 그들은 자신이 무엇을 느끼는지에 대해서는 생각하지 않는다. 따라서 상황과 관계에 관한 생산적인 사고의 결핍은 2번이 완전히 멈춰서기 전까지는 드러나지 않는다.

감정과 행동 사이의 만족스러운 상호작용은 2번에게는 매우 편안한 리듬을 가지고 있다. 그래서 그들은 과하게 행동하고, 과하게 주며, 과하게 관계를 맺으면서도 생각은 거의 하지 않는다. 그리고 그것의 대가를 인식하지 못한다. 2번에게 많은 불안과 피로감이 느껴진다면 그것은 보통 그들이 멈추어야 할 필요가 있고, 관계된 모든 것을 고려해야 하며, 자신이 직접 해야 할 일과 다른 사람들에게 적절하게 넘겨 주어야 할 일이 무엇인지 분별할 때임을 알려 주는 신호이다.

그리고 다른 사람들의 필요를 파악하고 충족시키려는 반사적인(무의식적인) 갈망에 계속 감정적으로 반응하기보다 무슨 일이 일어나고 있는지 생각해야 한다.

몇 년 전 이탈리아의 아시시에서 열린 리처드 로어(Richard Rohr) 신부와 함께한 행사에서 나는 대규모 학생들에게 에니어그램 강의를 하고 있었다. 강의는 잘 진행되고 있었는데 강의 초반부터 청중들 가운데 시큰둥한 표정을 한 어떤 남자가 눈에 띄었다. 내가 그에게 눈길을 줄 때마다(그를 쳐다보지 않을 수가 없었다), 그는 날 쏘아 보면서 내 강의에 아무런 반응도 보이지 않았다.

강의할 때 그런 경험이 별로 없던 터라 집중이 안 되면서도 그가 왜 내 강의를 좋아하지 않는지 궁금했다. 다른 참가자들은 자기 의견을 말하며 나의 발표를 즐기는 것처럼 보였기 때문에 마침내 나는 그가 영어를 못할 것이라는 결론에 다다랐다. 시간이 흐르면서 나는 그에게 미안한 마음이 들었는데 그가 청중석 가운데 낀 채 나가지도 못하고 이해하지 못하는 강의를 듣고 있다고 생각했기 때문이다.

쉬는 시간에 나는 재빨리 군중을 헤치고 그를 만나러 갔다. 그 사람을 따라잡았을 때 나는 큰 소리로 외쳤다. 그것도 두 손으로 헤드폰 모양을 만들면서 시끄럽고 불쾌하게 말이다. "통역 서비스가 있어요. 독일어도 있고, 프랑스어도 있어요!"

그는 내 눈을 보며 "저는 영어를 쓰는데요"라고 말했다.

나는 너무나 깜짝 놀랐다. "그렇다면 제가 하는 말에 왜 아무런 반응이 없었던 건가요? 웃지도 비웃지도, 심지어 눈길도 돌리지 않으시던데."

"글쎄요, 저는 당신을 좋아하지도, 당신이 말하는 것을 좋아하지도 않아요."

나는 전형적인 2번의 방식으로 물었다. "왜요?"

아무런 감정도 없이 그는 무덤덤하게 똑같은 어조와 태도로 이렇게 말했다. "저는 당신에 관한 어떤 것도 좋아하지 않아요."

거슬리는 그의 말에 정신이 아찔해진 나는 그 자리에서 물러나 리처드 신부에게 곧장 달려갔다. 자초지종을 다 들은 후 그는 연민 가득한 표정으로 나를 바라보고는 이렇게 말했다. "수잔, 당신은 아직도 그 한 사람을 쫓아가고 있군요." 그러고 나서 손등을 뒤집더니 다음과 같이 덧붙였다. "당신 손바닥 안에는 200명이나 되는 사람들이 있는데 왜 그들을 무시하고 그 한 사람에게 집중하나요?"

당연히 리처드 신부의 말이 맞았다. 나는 그 한 사람으로부터 거절당한 느낌 때문에 눈이 멀었고, 열심히 강의를 듣고 있던 사람들에 대해 생각하지 않았다. 불만에 찬 그 한 사람에게 내 모든 힘을 다 줘 버린 것이다. 이처럼 2번은 종종 자신들이 갖지 않은 것을 쫓아가다가 그 과정에서 다른 사람들과의 관계를 위험에 빠뜨린다.

2번은 외로움이라는 타고난 감정을 피하기 위해서 다음과 같은 질문을 회피하는 경향이 있다. '나의 편은 누구인가?' '나는 누군가가 원할 만큼 가치를 가지고 있는가?' '내가 정말 필요로 할 때 누가 나와 함께 있어 줄까?' 이러한 질문들이 표면으로 스멀스멀 올

라올 때 2번의 반응은 보통 도움을 주려는 노력을 두 배로 하면서
자신의 외로움을 덮는 것이다. 그러면 안타깝게도 다른 사람들이
항상 뭔가를 필요로 한다고 추정하게 된다.

진실은 내 쪽에서 관계를 쌓고, 내 쪽에서 부탁하는 것인데 대
부분의 경우 무의식적으로 그렇게 한다. 올해 들어 나는 스스로에
게 이렇게 물어 보았다. "내가 감정의 은행에서 머무르게 되는 이
유에는 어떤 것이 있을까?" 놀랍게도 그것은 충분한 공급이었다.

2번이 "아무데도 안 가. 혼자 있을 거야" 또는 "네가 정 필요
하다면 나한테 기대도 돼"라고 말한다면 사람을 신뢰하는 데 어려움
을 겪고 있다는 것이다. 나는 항상 그런 생각을 했다. 아마도 당신
은 나를 도와줄 것이다.

하지만 내 마음에서는, 내가 그럴 만한 가치가 있는 사람이라
고 믿으려는 몸부림이 있었다. 내가 확실하게 말할 수 있는 것은
내가 생각했던 것보다 훨씬 더 내가 혼자가 아님을 알게 되었다는
사실이다.

2번은 아마도 다른 번호들에 비해서 더 많은 사람들과 더 깊
은 관계를 맺고 있는 것 같다. 하지만 그럼에도 불구하고 그들은
만족스러워 보이지 않는다. 다른 사람들의 긍정이나 인정이 2번에
게 별 감흥을 주지 못했다면 그들이 정말로 바라던 것이 아니라는
것이다. 그들이 바라는 것은 소속감이다. 그리고 그 다음 단계는

그 소속감이 신뢰할 만한 것이라는 믿음이다.

2번은 행복이 항상 그들 바깥에 있는 어디로부터, 또는 누군가로부터 비롯될 것이라 기대한다. 하지만 그것과 반대로 안에서부터 행복을 찾을 필요가 있다. 2번은 다른 사람들에게 소속감을 줄 장소를 제공하는 데는 능숙하지만 정작 자신들에게는 그렇지 못한다.

관계가 건강하게 지속되려면 혼자 있을 때 자신감을 가질 필요가 있다. '혼자 있을 때 나는 누구인가?'라는 질문을 스스로에게 한다면 어떤 것을 깨달을지 아마도 놀랄 것이다. 2번은 모든 사람들이 자기 자리에 앉았는지 확인하고 싶을 것이다. 하지만 자신 역시 제자리에 앉을 필요가 있다는 것을 알아야 한다.

* 2번과 다른 번호들

2번은 항상 계획을 세우기에 앞서 관계를 먼저 생각하기 때문에 1번과 약간의 다툼이 생길 수 있다. 하지만 1번 날개를 가진 2번이라면 질서를 존중하는 것에 감사할 것이다. 그 공통점이 출발의 시작이다.

2번과 2번이 만나면 누가 주도할지, 언제 어떻게 할지 알려고 애쓸 것이다. 2번들은 서로를 참고하기 때문에 충족되어야 할 관계 외에 바깥의 다른 사람들에게 집중할 수도 있다.

2번과 3번은 둘 다 드러나는 이미지를 의식한다. 따라서 자신들이 어떻게 보일지에 대한 인식이 선택을 좌우한다. 하지만 2번은 필요한 사람이 되고 싶어 하고 3번은 자신이 무엇을 했기 때문이 아니라 단지 있는 모습 그대로 사랑받기를 바란다. 그런 바람에서 나오는 표현들은 오해의 소지가 있을 수도 있다. 따라서 이 관계에서는 동지애를 즐기되 서로의 차이를 존중할 필요가 있다.

2번은 약간 불편하긴 해도 이들과 관계를 아주 잘 해낸다. 4번과 8번은 진짜들인데 이것은 2번에게 꼭 필요한 것이다.

5번은 상대방에 대한 자신의 생각이나 계획, 아이디어 등을 간직하는 것을 선호하기 때문에 2번이 힘들어 할 수 있다. 2번은 5번이 자기 삶에 대한 정보를 공유할 때까지 기다려야 한다.

공포증을 가진 6번은 실제로 일어날 수 있는 일을 두려워하고, 2번은 대개 관계를 걱정한다. 이것은 아직 일어나지 않았지만 그들을 위협할 수 있는 미래의 어떤 일에 대한 걱정을 만들어 낸다. 반공포형(Counterphobic) 6번은 두려움과 용기를 동시에 가지고 있기 때문에 2번이 다루기 매우 어려운 사람들이다. 물론 2번에게도 걱정과 용기가 있을 수 있다. 하지만 동시에 그런 건 아니다. 6번은 질문을 통해서 배움과 동시에 가르친다. 따라서 2번이 관대한 정신으로 그들의 질문에 대답하면 존경심을 느끼게 된다.

2번은 7번 주변에 있을 때 약간의 불안감을 느끼게 되는데 이 것은 정상적인 감정이다. 7번은 매일 관리하는 활동들이 너무 과 도하게 보이기 때문에 2번과 그들의 요구를 알지 못하는 것처럼 보일 수 있다. 2번은 자신이 바라고 필요로 하는 것을 말로 표현하 는 연습을 해야 한다. 그렇게 되면 양쪽 모두에게 좋을 것이다.

9번은 2번과 매우 비슷하다. 그들은 서로가 모델이 되며, 양 쪽 다 갈등을 싫어한다. 하지만 9번은 활동을 싫어하기 때문에 2번 은 필시 에너지가 부족한 9번에게 인내심을 보여 줄 필요가 있다. 2번은 사람들과 관련된 모든 것에 대해 풍족한 에너지를 가지고 있다. 따라서 서로의 차이점을 존중해 주어야 한다.

* 스트레스와 안전감

2번이 건강한 수준에 있으면, 그들은 관대할 뿐 아니라 장난 기 많고 양육을 잘한다. 또한 사람들을 편하게 해 주고, 누군가가 소외되거나 어떤 식으로든 하찮은 기분을 느낄 때 그것을 잘 감지 하며, 항상 당신이 있는 곳을 알아내 만날 방법을 찾는다. 또한 솔 직하고 수용적이며 주류/비주류의 생각이나 행동을 고수하지 않 는다.

2번이 건강하지 않은 반응의 패턴에 갇히게 되면, 그들은 통제하고 독점하려 들며 불안정하다. 자신들이 사랑하는 사람의 관심과 애정을 잃게 될까 두려워하게 되면 질투의 문제가 발생한다. 2번 유형인 나의 학생 가운데 한 명은 이렇게 말했다. "제가 건강하지 못한 행동 패턴을 보일 때는, 지나치게 관여하거나 너무 참여하지 않거나 둘 중 하나예요. 남의 일에 간섭하여 그를 쥐고 흔들거나 아예 관심 밖으로 제외시켜 버리죠. 종종 어떻게 하면 건강하고 즐겁고 상호의존적인 공간에서 사람들과 있을 수 있는지 몰라서 그러는 것 같아요."

2번은 다른 사람들과 분리된 기분을 느끼기 시작하면 자신들이 필요한 상황을 만들어 낸다. 만약 당신이 2번과 관계를 맺고 있다면 그들이 스트레스를 받고 있다는 단서는 자기 건강에 대해 불평하기 시작할 때다. 억압된 감정이 정말로 신체적 증상으로 나타날 수도 있는데, 그렇게 되면 자기 연민을 통해 다른 사람들을 끌어들인다. 실제로 2번의 기분이 상해 있으면, 말 한 마디 하지 않고도 전체 그룹의 분위기를 바꿀 수도 있다. 냉장고 자석에 적혀 있는 다음의 속담이 아마도 여기서 유래된 것이 아닐까 싶다. "엄마가 행복하지 않으면 아무도 행복할 수 없다."

2번이 스트레스를 받게 되면 8번의 특성으로 이동한다. 이 말은 그들이 더욱 더 자신감을 가지고 다른 사람들이 어떻게 생각할지 신경을 덜 쓴다는 것을 의미한다. 자기 일이 아닌 것에 대해 거절할 수 있고, 과정이나 개인적인 차이점에 대해 더 많이 참을 수 있는 자신을 발견하게 된다.

2번이 안정감을 느끼게 되면 4번의 에너지와 인식 및 행동에 접근하게 된다. 따라서 자신의 감정을 받아들일 수 있게 된다. 그들은 자신들이 모든 사람들을 사랑하지는 않는다는 사실을 마침내 인정한다. 안전감을 느끼는 이곳에서 그들은 다른 사람들을 돕는 것과는 상관없는 어떤 자존감을 발견한다. 그리고 가끔은 자기 내면에 집중할 수도 있게 된다. 이는 보다 나은 자기 관리를 위해 필요한 좋은 이동이다.

* 너무 많은 사람과 관계하는 한계

아마도 2번의 관계에서 가장 큰 한계는 그들이 너무 많은 사람들과 관련되어 있다는 점이다. 그것은 많은 문제를 야기하는데, 우선 삶에서 만나게 되는 모든 사람들에게 관심을 가질 시간이나 에너지가 없다는 것이다. 그래서 잘못 없는 상황(무과실 상황)에 대해 사과할 수밖에 없는 처지가 된다. 애석하게도 모든 힘을 쓰고 남은 찌꺼기는 2번이 가장 좋아하는 사람들의 몫이 된다. 2번은 가장 친밀한 관계가 항상 그곳에 있을 것이라고 믿기 때문에 가장 적은 관심과 시간을 기울인다. 2번은 다른 사람들에게 너무 많은 것을 주었고, 자기 삶으로 돌아왔을 때는 이미 피곤하고 소진되고, 당연하게 받아들이기 때문에 자신을 돌볼 시간이나 에너지가 거의 남지 않게 된다.

2번은 관계 안에서 문제가 생기면 자신의 잘못이라고 생각한다. 그들은 쉽게 관계를 끊지 못하고, 일반적으로 자신이 양쪽을 다 덮을 만큼 충분히 큰 헌신을 할 수 있다고 믿어 버리는 함정에 빠진다. 하지만 그것은 불가능하다. 때로는 관계를 끊는 것이 유익하고 건강할 수 있다. 누군가와 관계를 끝내는 것이 명백하게 득이 된다 하더라도 기분은 좋지 않을 수 있음을 받아들여야 한다.

 * 모든 이와 관계하려는 한계를 인정하라

앤디 앤드류(Andy Andrews)가 세상을 떠났을 때, 사람들은 자신들이 앤디와 가졌던 추억과 경험들을 적은 모든 종류의 편지와 카드들을 그의 아들에게 보냈다. 한 여성은 30년 전, 자신과 남편이 노스캐롤라이나에 있는 앤디의 집에 방문했던 이야기를 나누었다.

아침을 먹은 후, 당신의 아버지는 정원에 가서 블루베리 나무들을 보고 싶지 않은지 물으셨어요. 그날은 무척 더운 여름 아침이었는데 정원으로 가는 길에 우리는 멋진 광경을 지나치게 되었죠. 앤디는 와서 그것을 좀 보라고 했어요. 물은 바위 아래로 내려와 더 큰 바위의 오목한 곳으로 작은 웅덩이를 만들며 떨어졌죠. 그리고 나서는 그것의 베이스가 되는 보다 더 큰 연못으로 떨어졌어요.

작은 연못의 가장자리에는 아버지가 키우던 꿀벌들이 있었어요. 꿀벌들은 빙 둘러 물을 마시고 있었는데 마치 소떼 같았죠. 그때 당신 아버지가 이렇게 말씀했어요. "꿀벌들이 물을 마실 때 꿀벌을 쓰다듬을 수 있다는 거 아세요? 벌에 쏘이지 않고도 벌을 만질 수 있는 정말 좋은 기회이죠." 저는 앤디가 농담을 하는 거라고 생각했어요. 그런데 그때 벌한테로 가더니 등의 털을 쓰다듬기 시작하는 거 아니겠어요? 벌들은 계속 물을 마시고 있었고요.

그날 저녁 집으로 돌아오면서 차에서 남편에게 이렇게 물었죠. "벌을 쓰다듬는 사람들은 도대체 어떤 종류의 사람인 거죠?"

수년 동안 저는 그 해답을 찾지 못했어요. 그런데 지금은 저도 얼마의 땅과 벌통들을 가지게 되었어요. 당신 아버지가 돌아가셨다는 이야기를 들었을 때 저의 질문에 대한 답은 분명했어요. 벌을 쓰다듬는 사람이란 벌에 쏘일 위험을 감수하더

라도 연결할 기회를 얻는 것이 더 가치 있다고 믿는 사람인 것
이죠.

그 기회와 가능성은 2번의 주된 동기가 된다. 이 때문에 모든
연결이 관계로 발전하는 것은 아니라는 사실을 받아들이는 일은
2번이 평생 동안 직면해야 할 도전이다.

2번을 위한 관계

우리는 통제에 대한 환상을 가진 채 풍족한 문화에서 살아가고 있다. 어떤 작업을 하면 우리가 원하는 것을 만들어 낼 수 있을 거라고 느낀다. 하지만 2번은 다른 사람들이 자신만의 자유로운 선택을 하도록 한 후 그 결과에 대해 함께 고통하거나 축하를 건네는 법을 배워야한다.

다음은 2번이 새겨야 할 몇 가지 사항들이다.

: **할 수 있는 것은…**

- 건강한 관계는 상호적인 것임을 받아들이고, 주는 것과 받는 것 둘 다의 가치를 배울 수 있다.

- 당신은 바깥에서가 아니라 당신 안으로부터 자신의 필요를 충족시키는 법을 배울 수 있다.

- 좀 더 적은 관계에 헌신하며 그 관계를 더 많이 즐기는 법을 배울 수 있을 것이다.

: **할 수 없는 것은···**

- 당신이 말하기 전에는 에니어그램의 다른 번호들이 당신의 요구를 알아서 감지하고 충족시켜 줄 것을 기대할 수는 없다.

- 당신의 수용 한도보다 더 많은 사람들과 건강한 관계를 맺을 수는 없다. 어떤 관계에서 모두 '예'라고 말했다면 다른 관계에서는 '아니오'라는 의미이다.

- 자신의 감정과 자신의 여러 필요들을 알아채고 돌볼 능력이 있음을 발견할 때까지는 평화가 지속되는 것을 경험할 수 없을 것이다. 자신을 돌보는 것은 관계에 전혀 위협이 되지 않는다. 오히려 관계를 더 좋게 만들 것이다.

- 어떤 일을 독립적으로 하면서 만족감을 찾는 법을 배우기 전까지는 관계 안에서 당신이 추구하는 안전감을 찾을 수 없을 것이다.

: **받아들여야 할 것은…**

- 당신은 다른 사람들이 자신들만의 방식으로 당신의 필요를 충족시키고 있음을 받아들일 필요가 있다. 그것은 당신이라면 선택하지 않을 방식일 수도 있지만 똑같이 좋은 것이다.

- 당신이 사랑받고 있다는 것을 받아들여야 한다.

- 당신은 사랑받을 만큼 소중한 사람이고, 꼭 필요한 사람이다. 이 사실을 받아들이라.

: **관계를 배우다**

2번은 다른 사람들이 원하는 것이나 그들에게 필요한 것이 무엇인지 매우 잘 감지한다. 이와 동시에 보통은 다른 사람들에게서 자신이 원하는 것과 필요들은 잘 알지 못한다. 2번과 관계를 맺는 하나의 열쇠는 그 차이를 메우도록 돕는 것이다. 다음은 2번과의 관계에서 우리가 기억해야 할 몇 가지 사항들이다.

- 2번은 스스로의 감정을 느낀다고 인식할 때 불안을 경험한다. 그들 자신의 이익을 위해 행동하는 방법에 대해 많이 알지 못한다.

- 그들이 정말로 느끼는 것을 당신과 나눌 수 있도록 그 방법을 모색하게끔 도우라.

- 2번은 말로써만 처리할 수 있다. 그들은 어떤 일에 대해 충분히 생각하지 않는다. 그들은 자신들의 방식을 말로 표현한다. 이 사실을 염두에 두면 많은 오해들을 피할 수 있을 것이다.

- 그들이 괜찮다거나 좋다고 말할 때 그 대답을 믿어서는 안 된다. 좀 더 깊이 헤아려 보라.

- 2번은 솔직한 피드백을 원하지만 모든 것을 사적으로 받아들인다. 그래서 만약 당신이 "난 너의 스파게티 레시피를 좋아하지 않아"라고 말한다면 "나는 널 좋아하지 않아"라고 들을 것이다. 그것이 개인적인 것이 아님을 굳이 상기시킬 필요까지는 없다. 그들도 그 사실을 알고 있고 그런 사고방식을 벗어나려고 애쓰고 있다.

- 아주 가까운 관계에서 2번은 이런 말을 듣고 싶어 한다. "난 여기 있어. 아무데도 안 갈 거야. 당신이 해야 할 일은 전혀 없어, 당신이 뭐가 될 필요도 없고. 나를 도와줄 것도 전혀 없어. 당신을 사랑해."

- 관계에서 상대방이 자기 감정을 잘 표현할 수 있도록 격려하는 법을 알려 주라.

- 2번에게는 애정을 가지고 시범을 보여 줄 파트너가 필요하다. 그러면 매우 안심할 수 있다.

- 2번은 상대방의 친구들을 만나고 싶어 하고, 알고 싶어 하는 파트너가 필요하다.

- 2번은 부사령관이 되는 것만으로도 기쁘지만 그들의 공로를 잊어서는 안 된다.

- 2번이 다른 사람과의 관계에 대해 지나치게 걱정할 때는 인내심을 가지도록 애쓰라. 그럴 때 조급해지면 그들의 불안감만 가중시키게 된다.

- 분노나 균형 잡히지 않은 감정적인 반응은 대개 충족되지 않은 필요를 보여 주는 신호이다.

당신 안에서부터 행복을 찾을 필요가 있다.

혼자 있을 때 자신감을 가지라.

모든 사람이 내 도움을 기뻐할 것이라고

여기지 말라.

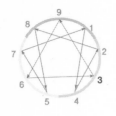

'일만 죽어라 하는 남편'과
'소외감을 느끼는 가족들'

- 일을 통해서만 사랑을 보여 줄 수 있다고 생각지 말라

　　나의 동료였던 제이크(Jake)는 마흔 살의 나이에 갑자기 세상을 떠나게 되었다. 장례식에 도착했을 때 주차장은 차들로 꽉 차 있었고, 예배당은 조문 온 사람들로 가득했다. 통로 쪽 좌석에는 잘은 모르지만 만나본 적은 있는 사람들이 눈에 띄었다. 자리를 잡았을 때 한 여성이 강단으로 걸어가더니 그를 기리며 긴 세월 동안 그와 함께한 추억에 대해 말했다. 그 여성이 이야기를 하면 할수록 나는 내가 장례식에 제대로 왔는지 의문이 생기기 시작했다. 심지어 게시판을 다시 확인하기까지 했다. 그 여성이 말하고 있는 사람이 내게는 너무 낯설었기 때문이다.

다음 연사는 제이크와의 관계에 대해서 두 가지 이야기를 들려주었다. 그는 제이크의 온화한 마음(나는 전혀 경험해 보지 못했던)과 언제든 달려와 도움을 주었던 친절함(이것 역시 나에게는 사실이 아니었다)이 무척이나 그리울 것이라고 말했다. 그 후로도 두 명의 연사가 더 있었는데 그들은 내가 모르고 있는 사람에 대해 말하는 것 같았다. 장례식 이후로 나는 제이크가 그날 내가 들었던 칭송과 기억의 주인공이 되는 게 어떻게 가능했는지 궁금해 하고 있다.

에니어그램의 지혜는 그에 대해 아주 간단하게 답하고 있다.

무슨 일이 일어난 것일까?

- 어떻게 하면 다양한 사람들에게 그렇게 다른 모습으로 기억될 수 있을까?
- 이와 비슷한 상황에 처해 본 적이 있는가? 예를 들어 한 사람에 대해 당신과 상대방이 완전히 다르게 받아들이고 있는 대화처럼 말이다.
- 당신의 장례식에 참석하는 사람들도 내가 제이크의 장례식에서 느꼈던 것과 비슷한 느낌을 경험하게 될까?

에니어그램의 렌즈를 통해서 보면 이 이야기는 우리가 다양한 성격을 지닌 인간으로서 얼마나 독특한 존재인지 상기시켜 주는 또 하나의 사례가 된다. 3번은 어떤 사람이나 집단이든 그에 맞추어 적응할 수 있는 재능과 함께 그래야 한다는 짐을 지고 있다. 그들은 당신이 원하는 사람이 되기 위해 아주 열심히 일한다. 그리고 빨리 적응할 수 있지만 한 번에 한 가지 역할로만 살아갈 수 있기 때문에 여러 다른 부분의 사람들과 동시에 가벼운 관계를 맺을 때 괴로워한다. 자신들이 성취하는 모든 것의 바탕에 깔린 참 모습을 다른 사람들에게 알리지 않기 때문에 개인적으로 맺는 관계도 고통스러워한다. 가장 고통스러운 것은 친밀한 관계인데 3번과 가장 친밀한 관계를 맺고 있는 사람들은 그들의 진정한 모습을 결코 알 수 없을 것이다. 그 결과 3번은 자신이 누구인가 대신에 자신이 무엇을 하는가에 따라 사랑을 받고 있다고 믿게 된다.

　

　 * 반드시 이기려는, 이길 수 있는 슈퍼맨들

3번이 2번, 4번과 더불어 가슴형에 속하지만 그들은 감정을 행동과 생각으로 빠르게 대체한다. 3번은 가끔 다른 사람들의 감정을 읽는 데 어려움을 겪지만 보다 힘겨운 싸움은 그들 자신의 감정을 읽는 것이다. 때로 3번은 자신이 느끼는 감정을 알지만 다만 그것을 다루고 싶어 하지 않는다.

게다가 문제를 더 복잡하게 만드는 것은, 그들이 자신의 개인적인 감정을 역할이나 자리에 관련된 감정과 구별하기 힘들어 한다는 점이다. 활동은 통제의 한 형태이기 때문에 그들은 어린 나이에 활동을 통해 자신의 환경을 통제하기로 마음을 먹었다. 3번은 8번을 제외하고는 다른 모든 에니어그램 번호보다 어떤 날이든 더 많은 일을 한다.

3번은 인간적이지만 자신들과 가장 가까운 사람들에게조차 개인적이지는 않다. 3번은 감정이 억압된 데다 남들에게는 적절한 모습을 보여 주기 원하기 때문에 가끔은 자신이 경험하지 않은 감정을 겉으로 드러낸다. 3번 유형인 한 대학교수는 자신이 하는 많은 일들이 겉으로 보여 주기 위함이라는 것을 인정한다. "저는 유능하고 능력 있는 사람으로 비치기를 바랍니다. 그리고 제가 적절한 시기에 일을 제대로 하고, 그것을 성공적으로 한다는 것을 주목해 주기를 원하죠." 불행히도 감정은 이미지 관리에 대한 이런 충동에 사로잡히게 된다. "제가 말하는 것은 감정에 대해서도 똑같이 할 수 있다는 것입니다. 의도적으로 누군가를 속이거나 진실하지 않아서가 아니라 그냥 그렇게 되는 겁니다."

그러나 통제는, 특히 관계에서는 착각일 뿐이다. 그렇게 행동하는 데 집중하면 존재 자체에 소홀하고, 결국 어떤 관계에서건 가장 중요한 어떤 요소들을 무시하게 된다. 그것은 현재에 머무는 것, 그리고 진정한 자기 자신으로 존재하는 것, 다른 사람들과 함께하는 것, 그리고 그들과 언제든 연결되는 것이다.

3번은 미래와 그 가능성에 매료된다. 그것은 더욱 더 성공하고, 더 많은 성과를 내며, 더 많이 인정받는 것이다. 그래서 그들은 어떤 주어진 회의나 행사, 소개에 가장 적절한 이미지를 만들기 위해 자진해서 끊임없이 변화할 필요를 느낀다. 그런 이유 때문에 그들은 현재 시점에서 일어나는 일들이 대부분 주의를 산만하게 하고 되돌아보면 별 가치가 없다고 생각한다. 가장 좋은 상태일 때, 3번은 상황이 요구하는 어떤 모습으로든 바뀔 수 있다. 하지만 사실 그들이 최악일 때도 그럴 수 있다.

나는 최근에 에니어그램 심화 그룹과 함께 균형에 대해 이야기하면서 3일을 보냈다. 여기에는 과거, 현재, 미래와 관련하여 우리 삶의 균형을 찾으려는 노력도 포함되어 있었다. 토요일 아침, 4번 유형이자 앳된 에이미는 자신이 얼마나 과거에 연연하는지 말했다. 심지어 고통스럽게까지 보였다. 그러자 1번 유형인 래리가 말했다. "지금 당장 벌어지고 있는 일을 관리하는 게 제가 할 수 있는 전부예요."

확실히 3번인 나이 든 한 여성은 두 사람이 각각 시간과의 투쟁을 설명할 때 당황한 것처럼 보였다. "여러분이 무슨 말을 하는지 도무지 모르겠어요. 전 벌써 월요일을 생각하고 있는 걸요!"

대부분의 경우 3번은 좋은 경계를 가지고 있지만 자신이나 다른 사람들을 위한 한계를 인식하지 못한다. 그들은 끊임없이 에너지를 공급받는 것처럼 보이지만 언제 멈추어야 할지 모르기 때문에 종종 지치고 피곤해 한다. 아마도 그것이 바로 그들이 관계를 포함하여 여러 일에서 여러 지름길을 취하는 이유일 것이다. 때로는 일을 제대로 하는 것보다 일을 끝내는 것이 우선이기 때문이다.

이 접근 방식은 또 다른 3번과의 관계에서는 효과가 있지만 몇몇 번호들의 경우 분명히 문제를 일으킬 소지가 다분하다. 완벽을 소중하게 생각하는 1번이나 관계를 중시하는 2번, 선견지명이 부족한 3번을 힘들어하는 6번 유형이 그런 사람들이다.

대부분의 3번들은 스타가 되고 싶어 한다. 그들은 1등을 할 수 없으면 경기에 참가해서는 안 된다고 믿는다. 당신이 리더로서 이끌 수 없다면 따라가서는 안 되고, 정답을 모르면 조용히 있어야 한다고 생각한다. 그리고 좋은 인상을 줄 수 없다면 그 어떤 인상도 주지 말아야 한다고 믿는다.

내 생각에는 3번 유형일 가능이 꽤 높은 손녀 엘은, 1학년 때 가슴 아픈 일을 겪었다. 크리스마스 휴가 직전에 사서 선생님이 수업 시간에 한 이야기를 읽어 주었다. 그 이야기에서 산타클로스는 가상의 인물이었다. 엘은 선생님이 이야기를 마칠 때까지 기다렸다가 산타클로스의 존재를 옹호하기 위해서 자리에서 일어났다. 엘은 이 이야기가 진짜 산타클로스에 대한 이야기가 아니라고 설명하면서 반 전체 학생들에게 걱정하지 말라고 말했다. 그 반의 다른 학생들은 큰 소리로 웃었고 엘은 마음에 상처를 받았다.

엘이 눈물을 흘리며 이 이야기를 아빠한테 하자, 아빠는 엘이 학교에서 산타에 대해 알게 된 것이 정말로 유감스럽다고 말했다. "산타를 포기하는 게 어렵다는 거 잘 알아. 하지만 괜찮을 거야. 엄마랑 내가 너를 위해 좋은 산타가 되어 줄게."

그러자 엘이 쏘아붙이듯 대답했다. "산타 때문에 우는 게 아니란 말이에요! 처음부터 산타를 믿지 못한 것만 같아서 우는 거예요."

3번은 자신이 잘 모르거나 부적절하다고 느껴지는 감정을 참지 못한다. 이것은 그들이 가진 비교와 경쟁의 성향에서 나오는 결과물이다. 비교는 3번이 세상을 바라보는 자연스러운 방식이다. 그들이 받아들이는 모든 정보는 "무엇인가" 또는 "무엇이 될 수 있는가"라는 두 가지 범주 가운데 하나로 분류된다.

내가 3번 유형들에게 자신의 번호를 가장 잘 나타내는 이야기를 해 달라고 부탁하면, 그들은 종종 망설이고 주저하게 된다. 나는 보통 그들이 자신들의 이야기가 질문자의 기대에 부합할지 말지 결정하기 위해 다른 사람들의 이야기를 먼저 들을 때까지 기다려 준다.

대부분 3번은 매우 경쟁적이다. 하지만 에너지가 많기 때문에 경쟁을 즐기는 8번과 달리, 3번은 반드시 이기려고 한다. 매일 얼마나 많은 경쟁들이 우리를 기다리고 있는지 생각해 보면 3번에게 가해지는 압박감은 너무 명백하다. 에니어그램 작업에 전념하는 3번이 터놓는 이야기를 들어 보면 자신의 역할에만 충실하기를 바라지만, 현실은 모든 보고서가 최고가 되는 것에 사로잡힌다고 말한다. 하지만 자신들의 업무가 최고인지 아닌지 개의치 않을 모험을 할 때 필요한 교훈을 배우게 될 것이다.

* 3번과 다른 번호들

3번과 1번은 모두 일을 완수하는 것에 관심이 많지만 3번은 원칙을 무시하면서 이루어낸다. 반면 1번은 일의 모든 단계가 제대로 수행되어야 한다고 믿는다. 만약 3번이, 모든 단계를 점검하고 작업한 일에 대해서 간단한 대화라도 나누고 싶어 하는 1번의 바람을 받아줄 수 있다면 유익할 것이다.

3번이 2번과 함께 있으면 개인적으로나 직업적으로 매우 효과적일 수 있다. 왜냐하면 2번은 사람들에게 집중하고 3번은 일에 집중하기 때문이다. 존중하는 마음이 있다면 서로의 재능은 상호보완적일 수 있다. 3번의 과제는 2번의 감정과 언어 처리 과정을 인내하는 것이다.

3번끼리 만나면 모든 것이 가능할 것처럼 보인다. 하지만 그렇지 않다. 누구보다 신중한 목소리를 내기로 결심할 때 둘의 조합은 선물이 될 수 있다.

4번과의 관계에서는 감정들이 방아쇠가 될 것이다. 4번은 감정을 과대평가하고, 3번은 감정을 그다지 가치 있게 여기지 않는다. 3번이 4번 날개를 개발하기 전까지는 이 조합은 매우 까다롭고 힘들다.

서로 마음을 연다면 3번과 5번은 훌륭한 재능들을 교환할 수 있다. 3번은 행동에 끌리고 5번은 쉬는 시간을 더 많이 필요로 한다. 둘은 서로를 통해 배울 수 있다.

3번은 성공을 좋아하지만 6번은 그것을 믿지 않는다. 좋은 인상을 주면서 자신의 기량을 과시하려는 3번의 열의가 가짜이며 정이 안 간다는 것을 발견한다. 이 단절을 이으려면 많은 가교가 필요하긴 하지만 불가능한 것은 아니다. 6번은 자신들이 리더가 아닌 그룹에서도 만족감을 느낀다. 3번은 에니어그램에서 6번과 연결되어 있기 때문에 전인적인 치료를 경험하려면 6번의 행동이 필요하다. 때로 치유는 우리가 따라야만 가능하다.

3번과 7번, 8번은 모두 아주 강해서 어느 누구도 취약해지고 싶어 하지 않는다. 3번은 제공하고, 8번은 보호하며, 7번은 피하는데 세 유형 모두 감정을 무시한다. 이 번호들은 서로 잘 어울리지만, 어느 정도는 현실을 확인하는 일에 전념해야 한다.

3번과 9번이 공동의 가치 체계를 공유한다면 서로 잘 지낼 수 있다. 3번은 일을 만드는 경향이 있다. 9번은 뒤로 물러나서 일이 그냥 일어나도록 한다. 상황에 따라 둘 다 좋다. 9번은 종종 3번의 에너지와 방향을 필요로 하고, 3번은 9번의 지연시킬 줄 아는 신성한 감을 필요로 한다.

실패를 재구성하는 능력

실패를 경험했을 때 3번은 재빨리 부분적인 승리로 그것을 재구성한다. 그리고 만약 그것이 통하지 않으면, 잘못된 것으로부터 거리를 두면서 문제를 자신들의 시야 밖의 요인으로 돌린다.

최근에 한 승무원이 자신의 첫 비행 때 음료 서비스와 관련된 이야기를 해 주었다. 수습생이었던 그녀는 블러디 메리(보드카와 토마토 주스를 섞은 칵테일-역자 주)와 마가리타(과일 주스와 테킬라를 섞은 칵테일-역자 주)가 알코올음료에 포함된다고 생각했다. 그것을 마신 일부 승객들은 칵테일이 좀 연한 것 같다고 생각하여 다른 것은 없냐고 물었다. 그녀는 그 말을 들어주었다.

또 한 사람은 알코올이 들어 있지 않다고 주장했지만 그녀는 적정한 양의 알코올이 들어 있는데 같은 맛이 나지 않는 것은 다른 브랜드이기 때문이라고 설득했다. 다른 한 승객은 더블을 요청했는데 그녀 생각에는 그것이 현명하지 않았다. 그래서 음료를 가져다 줄 때 그 사람에게 이전에 마셨던 것보다 훨씬 더 센 것이라고 생각하라고 설득했다.

음료 서비스가 끝난 후 알코올의 재고량을 채워야 했던 관리 승무원은 수습생들이 사실상 알코올이 들어 있지 않은 음료를 제공했다는 것을 알게 되었다.

내가 그녀에게 상사에게 질책을 받지는 않았는지 묻자 이렇게 설명했다. "글쎄요. 그건 LA에서 라스베이거스로 가는 비행기였어요. 저는 상사에게 음료를 주문한 사람들이 젊어서 이미 많이 마셨을 거라고 말했죠. 그리고 그들을 적절하게 돌보는 것이 우리의 책임이라고 느꼈고, 그때 제가 더 많은 알코올을 제공하지 않아서 모두에게 더 좋았다고 설명했어요."

"그것으로 끝났어요?" 내가 물었다.

"예, 관리자에게 그 사람들이 누군지 가리켰는데 모두 만족스러워하고 있었죠. 두 사람은 자고 있었고, 비행기에 탈 때부터 꽤 떠들썩했던 나머지 한 사람도 블러디 메리를 홀짝이고 있었어요."

3번은 잘못되는 것을 싫어하기 때문에 이야기를 재구성하면서 자신의 행동을 정당화한다. 그리고 이런 일에 능숙해서 종종 자기 자신도 그 이야기를 믿는다.

너의 모든 면을 사랑한단다

3번은 직관적으로 다른 사람들과의 관계에서 자신의 위치나 자리를 확인하는 방법으로 이미지를 사용한다. 그들은 어린 시절의 어느 시점에서 자신의 감정과 정체성을 갖는 것이 옳지 않다는 것을 믿게 되었다. 가족과 권위자로 보이는 사람들과의 관계에서 3번은 자신의 감정을 제쳐 두고 주변 사람들이 기대하는 모습, 가치 있고 성공적인 모습이 되면 그들이 칭찬할 것이라고 확신하게 되었다.

그래서 요구받는 것이 무엇이 되었건 자신의 타고난 능력을 계발하기 시작했다. 그들은 가족에서부터 전문가 모임에 이르기까지 15개에서 20개 그룹에 속할 수 있으며 그 그룹의 상징이 될 수 있다. 이것은 건강한 방식 안에서는 다루기 힘든 주목할 만한 재능이다.

우리가 3번을 사랑할 때 그들은 우리가 자신의 어떤 면을 사랑하는지 전혀 모른다. 그래서 우리가 그들의 모든 면을 사랑한다는 것을 받아들이기 힘들어 한다. 3번이 아닐까 예상되는 유명한 한 화가로부터 문자를 받은 적이 있다. 그녀는 파리의 사크레 쾨르 대성당(Sacre Coeur Basilica)에서 열린 자신의 61세 생일 파티를 하면서 나에게 이런 메시지를 보냈다. "이제야 마침내 제가 하나님의 식탁에서 환영받고 있음을 믿을 수 있네요. 제 모든 것이 환대받는 것 같아요."

만약 당신이 3번과 관계를 맺고 있다면, 당신이나 다른 누군가에게 보여 주는 3번의 모든 '나'가 그들 생각에 당신이 원하는 것을 주려는 노력임을 이해하는 것이 매우 중요하다. 그들은 이미지 뒤에 있는 자신의 실체를 당신에게 제공하면 그것이 사랑스럽지도 않고 바람직하지도 않을 거라고 믿는다.

그렇게 사랑스럽고 사랑받을 수 있는 사람들이 자신이 가치 있는 존재라는 것을 믿기 위해 애쓰고 있다는 사실은 우리로선 쉽게 납득할 수 없는 사실이다. 관계 안에서의 취약성을 떠올려 보라. 2번은 필요한 사람, 도움을 주는 사람이 되는 것으로 자신의 취약성을 숨기고, 4번은 당신을 자기 쪽으로 잡아당긴 후 다시 밀어냄으로써 취약성을 숨긴다. 그리고 3번은 과도한 성취를 이룸으로써 그것을 숨긴다.

타인의 마음에 들려고 너무 애쓰지마

다른 사람의 마음에 들려고 모습을 바꿀 때 3번의 행동은 완벽하다. 이것은 그들의 재능처럼 보일지 모르지만, 실제로는 자신이 누구인지, 무슨 생각을 하고 있는지, 정말 어떻게 느끼는지에 대한 감각을 잃어버리기 때문에 매우 복잡한 문제이다. 3번이 성공과 성취라는 핵심에만 초점을 맞출 때, 그리고 절차를 무시할 때, 또한 감정(자신의 감정과 다른 사람의 감정)을 잘 읽지 못할 때, 그들은 오해를 만들어 낼 뿐 아니라 많은 것을 놓치게 된다. 가장 큰 손실은 그들의 '구축된 이미지'를 자신이라고 믿기 시작할 때 발생하게 된다. 그것은 속이려는 열정 또는 죄이다. 3번은 자신을 속인다.

대개 3번의 삶에서 가장 중심이 되는 것은 일이다. 그것을 바꾸려면 아주 많은 노력과 자기인식이 필요하다. 그리고 그 변화는 대개 윗사람의 지원을 받지 못한다. 하지만 가끔은 개인적인 경험을 통해, 아마도 은혜 덕분이겠지만, 3번이 자신의 가치와 그들이 자신에게 준 것을 곰곰이 재검토하기도 한다.

3번인 친구가 이에 대한 예를 나누어 주었다. "수잔, 제가 일하고 있는 조직과 상충되는 가치가 제게 있는 것 같아요. 한 예로 제가 속한 공동체의 형제자매들의 권리와 필요에 관한 거예요. 저한테는 게이인 아들이 하나 있는데, 제가 일하는 곳에서는 아들에 대해 말할 수 있도록 보호나 지원을 전혀 제공해 주지 않아요. 가끔은 제가 가짜인 것 같은 느낌이 들어요."

이 세상에서 자기만의 방식대로 살아가려면 우리 모두가 쓰고 있는 가면을 벗는 것이 중요하다. 물론 이는 좋은 점도 있고, 덜 좋은 점도 있다.

내 경험상 가장 중요한 관계를 위한 근본적인 변화는 항상 가장 중요하지 않은 관계에 부정적인 영향을 미치는 것 같다. 그것은 매우 용기가 필요한 일이다.

*   스트레스와 안전감

3번은 9번, 6번과 함께 에니어그램의 중간 삼각형에 자리 잡는다. 가장 건강하지 않을 때 그들은 필사적으로 관심을 얻으려는 것처럼 보인다. 그리고 주목받고 마주치기를 원하고, 성공에 대해 자랑하며, 종종 자신의 역할을 꾸며댄다. 만약 그러지 못하면 자신들이 말하는 이야기를 믿지 못하는 사람에게 화를 내거나 가혹하고 파괴적으로 대할 수 있다. 기억하라. 3번은 눈에 띌 정도로 매우 경쟁적이다.

3번이 스트레스를 받게 되면 9번으로 이동하는데 이 움직임은 경쟁 우위를 중재하는 데 도움이 된다. 9번의 행동을 취할 때 3번은 다른 사람들과 그들의 아이디어에 좀 더 개방적이며 그들 자신에게 보다 솔직해지는 경향이 있다. 그리고 잠시 휴식을 취하면서 이완할 수 있고, 경쟁적인 에너지가 떨어지도록 할 수 있다. 그들은 여전히 주목받기를 원하지만 그 욕구가 그다지 강렬하지 않고 다른 사람들과 더 잘 어울릴 수 있다.

　　그들이 안전감을 느낄 때는 6번의 가장 좋은 부분으로 접근할 수 있다. 이 움직임에서 3번은 다른 사람들에 대해 훨씬 더 잘 알 수 있다. 그들은 스스로에 대해 확신이 적기 때문에 속도를 늦추면서 전문적인 관계와 개인적인 관계에서 협력할 수 있게 해야 한다. 6번의 자리는 또한 3번이 그들 자신의 강점에 의존하기보다는 자신보다 더 큰 어떤 것, 또는 누군가와 연결하고자 하는 열망을 더 잘 알고 있는 곳이다.

　*　내가 할 수 없는 것도 분명히 존재해

　　3번은 서구 문화에서 아주 높이 평가되는 유형이다. 서구 문화에서는 젊음이나 효율성, 성공, 성취 등을 중요하게 생각한다. 그들은 불평 없이 아주 오랜 시간 일한다. 3번은 그들이 없는 동안에도 계속 연락하고 일할 수 있게 해 주는 기술 때문에 휴가를 보내는 것이 매우 힘들다고 말하곤 한다. 비즈니스 문화는 휴식 시간이 필요 없는 직원들을 좋게 평가한다. 그리고 항상 앞으로 나아가고자 하는 생각을 환영한다. 이것은 3번에게 반가운 소식이다.

　　하지만 서구에서 3번으로 살아가는 것의 단점은 의미 있는 변화를 막는 특성을 높이 평가하고 갈채를 보낸다는 것이다. 3번들이 직업적으로 잘 해내는 것은 개인적인 관계에는 처참한 결과를 가져올 수 있다. 3번이 규칙적으로 일찍 출근하고 늦게까지 회사에 있게 되면 그들과 관계를 맺고 있는 사람들은 고통을 겪게 된다. 그들이 프로젝트나 일 때문에 아이들의 활동을 계속해서 놓치게 되면 가족 관계는 악화된다. 그들이 사랑하는 사람과 함께 있어 주지 못하면 물리적으로나 정서적으로 모두 관계가 나빠질 것이다.

3번은 관계가 어떻게 될 것인가라는 이야기의 개념을 가지고 관계를 시작한다. 하지만 실제로 모든 관계는 골치 아프고 예측할 수도 없다. 그래서 이 현실을 깨닫게 되면 대개 목표를 설정하고 목록을 만듦으로서 관계를 가능한 것으로 바꾸려고 애쓰게 된다. 그 시점에서 관계는 완성되어야 할 과제가 된다. 만약 3번이 속도를 늦추지 못하면 그들은 친밀한 감정에 영향을 받는 것이 매우 힘들게 될 것이다. 또한 그들의 관계는 모든 종류의 부정적인 결과로 치닫게 된다.

3번은 너무나 자주 감정에 '관한' 생각을 실제적인 감정으로 대체해 버린다. 이런 접근은 자신의 감정을 억누르려는 파트너와의 관계에서만 작동한다. 3번의 지향점은 뭔가를 고치는 쪽으로 향하기 때문에 6번처럼 들으려고 하는 누군가와 함께 있을 때나 또는 2번처럼 말로써 표현하려는 누군가와 있을 때 참지 못하거나 무시할 수 있다. 3번은 종종 더 어두운 감정을 받아줄 수 없지만 3번이 다른 사람의 감정과 자신의 감정에 머무는 법을 배우지 못한다면 그 관계는 확실히 위태로워질 것이다.

관계에 관해 이야기할 때 어떤 중년의 3번이 내게 이런 말을 했다.

저는 친밀감을 소중하게 생각하지만 제 방식을 이야기하자면, 그건 아주 적은 부분이고 제가 아무것도 하고 있지 않을 때뿐이에요. 아이러니한 것은 사람들이 저를 돌보아 주고 지지해 주기를 원한다는 겁니다. 하지만 똑같은 것을 되돌려줄 감정적인 에너지를 가지는 것이 너무 힘들어요. 다른 사람들은 내가 그들을 위해 무언가를 함으로써 사랑과 지지를 준다는 것을 알 수 있죠. 제가 하는 일을 통해서만 사랑을 보여 준다는 것이 불가능하다는 것을 알지만 그것이 제가 다른 사람들을 어떻게 느끼는지 표현하는 구체적인 방법이랍니다.

그러나 사람들과의 친밀한 관계는 그 무리의 한 사람에 의해서만 결정될 수는 없다. 또한 항상 편리하게 약속된 시간에 일어나는 것도 아니다. 당신이 줄 수 없는 것을 누군가에게 기대하는 것은 불공평할뿐더러 생산적이지도 않다. 동시에 우리 모두는 누군가의 보살핌이나 소중한 관계의 이익을 위해서 생소하거나 익숙하지 않은 방식이라도 발돋움하는 것을 배울 수 있다. 그것이 3번의 도전 과제이다.

* 우리는 모두 각자의 역할이 있다

3번에 관한 진실은 종종 그들에게는 듣기 힘든 말일 수 있다. 코트니 핑커톤(Courtney Pinkerton)은 전인적 인생 코치이자 버드인핸드코칭(Bird in Hand Coaching)의 설립자이며, 《번성의 공식》(The Flourish Formula)의 저자이자 내가 가장 좋아하는 3번 유형의 사람이다. 그녀는 최근 남편 및 세 자녀들과 함께 니카라과로 이주하여 그곳에서 지속적인 변화를 만들어내고 있다.

어느 날 저녁 코트니와 그의 남편 리처드는 해변을 걷고 있었다. 태양이 막 지기 시작했고, 화산은 안개에 싸여 신비로운 자태를 드러내고 있었다. 그리고 그들의 맨발은 검은 화산 모래 사장에 발자국을 남기고 있었다.

코트니는 그 순간이 두 사람의 다음 단계를 정하기 위한 가장 완벽한 시간이라고 생각했다. 코트니는 남편의 목표와 갈망에 대해 물었다. 하지만 그는 아내의 이야기에는 별 관심을 보이지 않으면서 이렇게 말했다. "난 그저 이 순간을 한껏 즐기고 있어요. 물결의 움직임, 자욱한 안개, 그리고 우리 두 사람, 이 모든 걸 말이요"

리처드의 반응에 코트니는 웃을 수밖에 없었다. 그리고 나중에 반성을 하면서 이렇게 말했다.

"어떤 사랑이 되었건 조율해야 할 부분이 많은 것 같아요. 가끔은 한쪽이 몽상가가 되고, 다른 한쪽은 행동하는 사람이 되죠. 한 사람은 예술가가 되고, 다른 한 사람은 통장 잔고를 관리하죠. 그게 아니면 한쪽은 인생 코치이고 다른 한쪽은 데이터 전문가이죠. 저는 이러한 역할들이 그 자체로 나쁘다고는 생각하지 않아요. 민첩하게 반응할 수 있고 한 지점에만 고정되어 있지 않다면 말이죠. 모든 파트의 역할을 돌아가면서 맡을 수 있다면 정말 좋죠. 그리고 솔직히 우리가 파트너쉽에서 맡은 역할은 대개는 우리 안에 있는 목소리와 인간적인 측면을 반영하게 되잖아요."

3번은 에니어그램의 어떤 번호보다 모든 파트를 연주할 준비가 잘 갖추어져 있다. 그들이 상대방의 내면과 외면의 모습을 모두다 존중할 수 있다면 말이다.

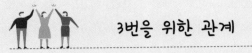

3번을 위한 관계

3번은 사람들 안에 있는 잠재력을 밝혀내고 그것을 끄집어낼 수 있게 도움으로써 다른 사람들의 삶에 기여한다. 3번은 민첩하고 똑똑하며 일을 잘 처리한다. 동시에 리처드 로어가 말한 것 같이 에니어그램에서 가장 안타깝고 슬픈 번호는 성공적이지 못한 3번일 것이다.[9] 아마도 3번은 성공에 대한 자신의 정의를 확장하는 편이 더 현명할 것이다. 그리고 다른 사람들의 가치 체계가 자신들의 것과 일치하지 않을 수도 있다는 것을 인정해야 할 것이다.

다음은 3번이 명심해야 할 몇 가지 사항들이다.

: **할 수 있는 것은⋯**

- 정서적인 표현에서 정서적인 깊이로 이동하는 법을 배울 수 있을 것이다.

- 속도를 늦추고, 친구를 사귀며, 기대되는 결과나 확실하게 손에 쥘 수 있는 것이 없는 활동들을 즐길 수 있다.

- 성공을 인간으로서의 자신의 가치와 연결짓지 않고도 즐기는 법을 배울 수 있다.

: 할 수 없는 것은…

- 당신은 걱정이나 불안을 극복할 수 없다.

- 다른 사람들을 위한 목표를 당신이 정할 수 없다. 관계 안에서 서로 합의한 목표를 공유할 수는 있지만 그때에도 목표가 양립할 수 있고 양쪽에게 모두 현실적이어야 함을 유의해야 할 것이다.

- 자신이 속해 있는 그룹이나 프로젝트에서 지나치게 도드라지게 되면 개인적으로 자신을 보호할 수 없게 된다.

- 사람들이 당신의 삶에 끼어들 수 없게 하고 자신의 취약점을 최소한 일부라도 공유하지 않는다면 사람들의 사랑을 받을 수 없을 것이다.

- 당신이 하는 일이 당신의 정체성이 아님을 받아들일 필요가 있다.

- 당신은 자신의 기만성과 자기방어적인 모습을 모두 인정해야 한다.

- 성공과 실패 모두에서 가치 있는 교훈을 배운다는 것을 받아들일 필요가 있다. 로어 신부의 말처럼, "사람이 35세가 지나면 성공으로부터 배울 수 있는 교훈이 그리 많지 않다."

- 상한 감정과 놓쳐 버린 기회를 잡기 위한 쉽고 빠른 해결책 같은 것은 없다는 것을 받아들여야 한다.

:   관계를 배우다

자신의 날을 측정하고 생산적인 삶을 살기 때문에 3번의 에너지가 무궁한 것처럼 보인다. 하지만 그 이면을 살펴보면 모든 것이 수시로 고갈된다. 3번에게 당신이 사랑하는 것은 이미지가 아니라 그 밑에 있는 무엇임을 알게 해 주라. 다음은 3번과의 관계를 구축하기 위한 몇 가지 방법들이다.

- 3번이 그들의 감정에 쉽게 접근할 수 있다고 짐작해서는 안 된다.

- 시간에 대한 3번의 지향점은 미래에 있다. 그들은 대화 중에 종종 주의가 산만해진다. 그것은 대개 당신이 말한 것 때문에 다른 어떤 생각이 떠올랐다는의미다. 그들은 예상 외로 그런 사고방식을 추구하는 것을 좋아한다. 주의가 산만한 것을 개인적인 것으로 받아들여서는 안 된다.

- 그들은 과거의 것을 재탕하는 데는 관심이 없다.

- 그들이 의도한 것이 아니라면 3번은 직장에서 무슨 일이 있었냐는지, 무슨 일이 일어나고 있는지 말하지 않을 것이다.

- 3번은 잘 실패하지 않기 때문에 좋거나 나쁜 것, 좋아하거나 싫어하는 것 등으로 뭔가를 이원론적으로 보거나 판단하지 않는다.

- 그들이 당신의 인정과 칭찬을 원하고 있음을 알아야 한다. 그것을 말로 표현해 주면 정말로 좋아할 것이다.

- 부정적인 것에 대해 너무 많이 이야기해서는 안 된다. 3번은 매우 낙관적이며 긍정적인 시각을 가진 사람들에게 감사하고 있다.

- 당신이 맺고 있는 다른 관계에 대해 너무 많은 이야기를 하지 않도록 조심하라.

- 3번은 과격한 편이지만 자신들보다 더 부드러운 당신을 필요로 하고 있다.

- 이미지와의 투쟁에 대한 당신의 이해와 그것을 유지해야 할 필요성을 말로 표현하라. 또한 이미지를 만드는 기술과 형태를 바꾸는 그들의 성향을 장려하지 않도록 조심하라.

- 3번이 자신들의 감정을 파악하고 그것에 대해 논의할 수 있도록 북돋아주라. 그들이 일단 한두 가지 생각을 나누면 잠시 동안 감정을 생각할 필요가 없도록 휴식 시간을 주라.

- 3번은 프로젝트를 진행할 때 방해받는 것을 싫어한다.

- 3번에게는 당신이 필요한 것에 대해 정확하고 직접적인 정보를 주라. 그들은 당신의 필요를 충족시켜 주고 싶은 열망이 있다. 그들은 그저 그것이 무엇인지 알고 싶을 뿐이다.

이 세상에서

자기만의 방식대로 살아가려면

우리 모두가 쓰고 있는

가면을 벗는 것이 중요하다.

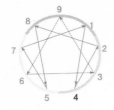

'한없이 다정하다가도
한없이 냉랭해지는 연인'

- 자기 감정에만 너무 충실하지 말라

다프네(Daphne)는 제인(Jane)과 함께 그들이 가장 좋아하는 일본 식당에서 즐거운 저녁식사를 즐겼다. 그래서 이틀 후 우편함을 열었을 때 제인에게서 온 편지를 보고는 깜짝 놀랐다. 짧았지만 요점은 이랬다.

다프네에게

화요일 저녁 우리가 같이 저녁을 먹었을 때, 넌 내가 새로운 일 때문에 에너지를 다 소진하는 건 아닌지 몇 번이나 물었지. 적어도 부분적으로는 네 말이 맞았어. 새로운 일을 하려면 이 것저것 생각하고 쏟아야 할 것들이 많으니까. 그래서 남아 있는 에너지가 많지 않아.

그리고 그건 우리 사이에 항상 존재하는 차이점을 더욱 부각시키지. 너는 새 집과 그 집을 꾸미는 데 필요한 모든 멋진 장식에 대해 들떠 있었지. 그리고 네 엄마의 유방암이 재발했다는 사실에 너무 슬퍼했지.

나는 너의 친구로서 뭔가 부족한 것 같이 느꼈고, 너에게 많은 것을 제공할 수 없었어. 지금 당장은 널 도울 힘이 없지만 내가 힘이 생겨서 널 도울 수 있길 원해. 그렇게 되면 진짜 마법 같을 거야. 그리고 우리 둘 다 약간의 마법을 사용할 수 있을 거야.

하지만 지금 난 새로운 일에 집중해야 해. 내가 널 사랑하는 것 알지? 봄 방학 후에 다시 연락하도록 하자.

- 사랑을 담아, 제인이

다프네는 편지를 부엌 조리대에 위에 내려놓고는 익숙한 감정의 물결을 느꼈다. 실망스럽고, 슬프고, 혼란스럽고, 거부된 것 같고, 오해를 산 느낌이었다. '또 내가 과했네.'

그것은 예전과 똑같은 것이었다. 다프네는 제인이 왜 자신이 정말 긴장을 느끼고 있고 너무 많은 일을 처리하느라 힘들다고 그냥 말하지 않고 5주 동안의 휴지 기간을 갖자고 한 것인지 궁금했다.

다프네는 남편 마크가 집에 올 때까지도 계속 화가 나 있었다. 그는 평소처럼 아내를 안아 주고는 참을성 있게 모든 이야기를 들어주었다. 그리고 아내가 느끼는 감정에 대해 아무 말도 하지 않았다. 그는 예전에도 여러 번 그랬듯이, 아내의 열정과 강렬함이 종종 오해받을 수 있다는 것을 상기시켜 주었다.

다프네가 초대의 의도로 부른 것은 제인에게는 자신을 위한 공간을 남겨 두지 않은 것으로 오해될 수 있었다. 다프네는 마크가 옳다는 것을 알았다. 그것이 바로 다프네가 생각한 바였다. 물론 결국은 제인이 먼저 전화할 것이라고 확신한다.

무슨 일이 벌어진 것일까?

- 제인의 편지에 놀란 다프네를 보면서 당신은 어떤 생각이 드는가?
- 다른 사람들과의 관계에서 어떻게 정서적인 에너지가 하나의 요소가

되는가?

- 제인이 그날 저녁 자신의 감정에 대해 그냥 이러저러하다고 말하지 않고 편지를 쓴 이유가 무엇이라고 생각하는가?
- 이 관계에서 그리고 다른 사람과의 관계에서 무엇이 제인이 편지에 언급한 '마법'을 만든다고 생각하는가?

제인처럼 4번 유형은 때로 단지 "너무 과하다"라는 말을 흔히 듣게 된다. 심지어 그들을 아끼는 사람들조차 그렇게 말한다. 예측할 수 없는 기분을 가진 4번의 강렬한 감정은 이해와 동정, 인내를 필요로 한다. 진정성에 대한 그들의 필요 또한 제대로 인식해야 할 필요가 있다. 4번과의 관계에서는 그들이 '정상화'한다고 제안하는 것을 좋아할 수는 있지만 그 어떤 것도 진실에서 멀어질 수는 없다.

* 이해받고 싶은 갈망 VS. 자유롭고 싶은 욕구

4번은 자신이 과연 어떤 사람인지 진정으로 알려지고 싶은 깊은 열망이 있다. 우리가 경험하는 바와 같이 대부분의 사람들은 다른 사람들을 알아가는 데 많은 시간을 쏟지 않으며 그들을 제대로 이해하지도 못한다. 내가 4번에게 그들의 인간관계와 알려지고 싶은 열망에 관해서 말하면 그들은 항상 두 가지 이야기를 한다. 첫째는 많은 사람들이 자신들을 버렸다는 것이고(그들은 관계에서 이유를 모를 종말을 경험한다), 둘째는 다른 사람들이 종종 자신들에게 너무 과하거나 너무 복잡하다고 말한다는 것이다. 인간관계의 아픔에도 불구하고 4번은 계속해서 다시 일어나 시도하곤 한다.

어렸을 때 4번은 자신들에게 근본적으로 잘못된 무엇인가가 있다고 믿게 되었다. 내가 사랑하는 친구 엘리자베스(Elizabeth)는 자라면서 자신의 부모님이 어떤 감정 표현도 하지 않으셨고, 빈번하게 엘리자베스가 너무 예민하다고 말했다고 이야기했다.

엘리자베스는 1학년 때 선생님인 버니 쉘턴(Bunny Shelton)을 존경했다고 한다. 자신의 키보다 한 뼘 더 큰 148센티미터의 올림머리를 했던 쉘턴 선생님은 카리스마가 있으면서도 사랑스런 분이셨다. 그래서 어느 날 선생님으로부터 막대사탕을 받았을 때 엘리자베스는 자랑스럽게 부모님께 말했다. 자신이 막대사탕을 받은 유일한 사람이고 그것은 자신이 특별하기 때문에 받은 것이었다고 말이다.

안타깝게도 막대사탕을 받았던 날은 학부모 교사들의 회의가 열렸던 날이었다. 엘리자베스의 부모님이 막대사탕에 대해 쉘턴 선생님께 감사 인사를 했을 때 그들은 모든 아이들이 막대사탕을 받았다는 사실을 알게 되었다. 엘리자베스의 거짓말에 화가 나고 당황한 부모님은 선생님께 사과하라고 했다. 특별하다는 느낌을 가지고 싶었던 엘리자베스의 바람이 엄청난 수치심으로 돌아온 것이다. 엘리자베스는 이것을 자기 삶의 패턴으로 인식했다.

저는 집에서 자신의 감정을 표현하지 못하는 4번 아이들에 대해 할 말이 아주 많다고 생각해요. 그들은 자기 자신이 될 수 없어요. 특별하다고 느낄 수 없는 것이죠. 제 생각에 그 아이들은 거짓말을 함으로써 자신이 잃어버린 어떤 것을 붙잡으려 애쓰지만 도리어 거짓말이 탄로가 나서 수치심을 느끼게 되지요. 저는 4번이 특별하고 독특하다는 것을 외적으로 유별나게 표현하는 것과 혼동하기 시작했다고 믿어요. 만약 제 감정을 표현함으로써 더욱 더 자랄 수 있게 된다면 제 자신의 진정한 본질이나 특별함을 더 가질 수 있었을 거라고 생각해요.
내가 누구인지에 대한 본질이 받아들여지지 않을 것 같은 느낌 때문에 그것을 지어내야 할 것 같거든요. 그런 식으로 성장하게 되면 결국 자신이 만들어 낸 독특함이나 성격을 자신의 것으로 받아들여야 하지요. 대신 그것에 대한 진정성은 담보할 수 없는 것이죠.

우리들 대부분은 중요한 관계에서 자신이 가진 최고의 것을 보여 주기 원한다. 8번은 힘을 드러내는 걸 선호하고 2번은 사적인 것이라면 뭐가 되었건 가장 좋다고 생각한다. 그리고 4번의 경우 '가장 좋은 것'은 진짜이다. 누가 되었건 가짜가 아닌 진짜가 되는 것은 어려운 일일 수 있다. 당신이 너무 감정적이고 자기 인식이 너무 과한 4번과 만난다면, 참된 진짜가 되려는 이 열망을 행동으로 옮기는 그들을 만날 수 있을 것이다.

인간관계를 구축하거나 이어갈 때 4번은 종종 두 갈망 사이에서 약간의 긴장감을 느낀다. 연결점을 만들 때 독특한 자신으로 보이고 이해받고 싶은 갈망과 자유방임적인 태도가 그것이다. 4번이 소속감을 느끼는 쪽으로 적응할 때는 마치 자기 신념을 저버리는 기분을 느낀다. 그러나 그들이 자신의 진짜 모습에 가까운 쪽을 택할 때는 그들이 가장 갈망하는 진정한 관계를 희생하는 것 같은 기분이 들 수 있다.

그 무엇도 만족하지 못하겠어

4번과 관련된 죄 또는 열정은 부러움이다. 부러움은 질투가 아니다. 4번은 당신의 직업이나 집, 또는 자동차를 원하는 게 아니다. 대신 그들은 세상을 편안하게 살아가고 있는 당신의 안락함을 부러워한다.

그들은 당신의 삶이 덜 위태롭고 덜 복잡하다고 느낀다. 그들은 또한 당신이 누리는 행복, 또는 행복이라 생각하는 것을 원한다. 그들은 그것을 가지고 있지 않기 때문에 당신이 부러울 뿐이다. 그리고 그들의 부러움은 자신과 자신이 아는 대부분의 사람들이 상당히 다르다는 것을 상기시켜 준다. 그래서 덫에 걸린 것처럼 느낀다.

또한 그들은 여느 사람들처럼 안락하고 예측 가능한 삶을 원한다. 하지만 이와 동시에 다른 사람들과 같지 않은 진정한 자신만의 삶을 원한다. 4번은 자신들이 가지고 있지 않은 것을 너무나 간절히 원해서 종종 자신이 가지고 있는 것을 놓치곤 한다.

이 모든 것들은 관계 안에서 실제적인 도전 과제이다. 그렇게 필사적으로 만족을 원하는 누군가와 함께 있는 것은 매우 어렵고 힘들다. 게다가 그들은 무엇에도 만족하지 못하는 것처럼 보인다. 결국 모든 사람이 그들과의 관계에서 실패와 좌절감을 느끼게 된다.

상실감을 채우기 위한 감정의 악화

평균적인 4번은 종종 과거의 이야기와 몽상, 감정 등에 바탕을 둔 자기 이미지를 유지하기 위해 에너지를 사용한다. 그렇게 할 때, 그 당시와 들어맞는 기분을 만들어내고 유지시키는 습관을 가지고 있기 때문에 실제 일어나는 더 확실한 감정을 놓칠 수도 있다.

미숙한 4번은 누군가가 자신들의 고통에 관심을 가질 때 가치 있는 느낌을 가지지 위해 희생자 역할을 떠맡을 수도 있다. 이 모든 행동은 그들이 수치심에서 벗어나려는 노력이다. 그들의 수치심은 근본적으로 어떤 식으로든 측정할 수 없다고 믿는 데서 나온다. 그것은 종종 효과가 있지만 단지 잠깐일 뿐이다.

4번은 2번 및 3번과 더불어 가슴형에 속한다. 이 세 유형들은 자신이 정말 누구인지는 사람들이 자신에 대해 어떻게 생각하는지와 상관없고, 당신의 과거와도 아무런 관련이 없다는 것을 배울 필요가 있다.

이 세 유형이 인간관계에서 어려움을 만나게 되면 처음에는 모든 문제가 자신에게 있다고 믿는다. 무엇이 잘못되었든 그것은 자신의 잘못임이 틀림없고, 어떤 면에서 자신이 부적절하다고 생각된다. 그들은 만약 자신들이 더 많은 일을 했다면, 또는 더 그랬다면, 더 성취했다면, 다른 모습을 보였다면, 다른 누군가였다면, 또는 그저 좀 더 특별했다면, 더 사랑스러울 것이고 그래서 더 사랑받았을 것이라고 확신한다.

당신이 만약 2번이나 3번, 또는 4번과 관계를 맺고 있다면 가장 중요한 질문은 다음과 같다. '당신은 누구와 관계를 맺고 있

는가?'

가끔은 그 사람이 실제로 그 사람이지만 또 가끔은 그들이 가장하고 싶은 사람일 수도 있기 때문이다. 2번이나 3번에 비해서 4번은 변신과 적응이 훨씬 어렵다. 만약 4번이 자신이 사랑하고 원하는 누군가가 되려고 애쓰게 된다면 그것은 정말 슬픈 일일 것이다.

가슴형에 속한 번호들이 실제 감정의 힘을 모든 종류의 반응으로 대체한다는 것을 명심해야 한다. 2번은 자신들의 감정은 무시한 채 다른 사람들의 감정에 세심한 주의를 기울인다. 3번은 감정이 부담스럽고 예측하기 힘들다는 것을 알기 때문에 처음에는 자기 자신과 다른 사람들이 느끼는 감정을 인지하지만 재빨리 그것을 덜 중요하고 불필요한 것으로 제쳐둔다. 4번은 2번과 3번이 일을 처리하는 방식으로부터 얻는 것과 비슷한 만족을 원한다. 하지만 가치 있고 중요한 관계가 틀어지면 보통의 감정과 보통의 결과로는 충분하지 않다.

4번은 그들의 상실감을 채우기 위해서 자신의 감정을 악화시킨다. 예를 들어 다프네 같은 사람은 제인의 편지에 대한 반응으로 집으로 돌아가 슬픈 음악을 듣거나 우울한 영화를 보거나 그들의 우정을 떠올려 주는 옛 사진들을 들추어 볼 수 있다. 그렇게 함으로써 매우 그윽한 슬픔에 깊이, 더 깊이 빠져들 수 있다. 4번에게

는 특별한 우정이나 관계가 결코 평범한 방법으로 기억되어서는
안 되기 때문이다.

난 너와 달라!

4번은 평범하게 되는 것을 원하지 않는다. 그것이 자신의 참
모습을 보호하는 하나의 방법이라고 생각하기 때문이다. 그들은
종종 우리가 정상적이라고 부르는 것과 현재 통용되는 것, 관습적
인 것을 피하고 대신 그들이 추구하는 관점을 설명하려고 애쓴다.

4번인 어떤 사람은 나에게 "저는 평범한 것이 싫어요. 저의 목
표는 '표준'이 아니거든요"라고 말했다. 관계 안에서 이 현실의 복
잡성에 대해 생각해 보라. 4번은 거기에 들어맞기를 바라지만 그
럴 수 없다. 그들은 항상 약간 벗어난 것 같은 느낌을 가진다. 그들
과 관계를 맺고 있거나 그들과 함께 다른 친구들이나 동료들을 만
나고 있다면 당신도 똑같이 느낄 때가 제법 있을 것이다.

사실 4번은 매우 특별한 사람들이다. 하지만 그 사실을 항상
알고 있는 것은 아니기 때문에 그들은 특별함을 만들어 내기 위해
과도한 노력을 하게 된다. 그리고 그에 따르는 비용도 증가된다.
아이러니한 것은 4번이 좀처럼 보기 흔한 사람들이 아니기 때문에
특별해지려고 노력할 필요가 없다는 것이다. 하지만 만약 그들이
일상적인 삶의 과제들과 세상에 존재하는 평범하고 예측 가능한

일상을 껴안기 위해 자신의 에너지를 사용한다면 그들의 관계 역시 증진될 수 있을 것이다.

* 스트레스와 안전감

4번이 스트레스를 받으면 명백하게 정도를 지나치게 되고, 다소 파괴적이며 이상한 위로를 얻는, 건강하지 못한 영역으로 떨어지게 된다. 여기서는 그들의 자기 인식이 자기 방종으로 바뀌게 된다. 진짜가 되려는 그들의 노력은 유별나게 보이고 싶은 완고한 집착으로 발전한다. 그들은 다소 허세를 부릴 수도 있고, 자신이 가진 것보다 더 가치가 있는 것처럼 행동할 수도 있으며, 당신이 그들을 쫓기 바라면서도 만날 수 없는 것처럼 굴지도 모른다.

그들은 행동하는 것을 억제하기 때문에 건강하지 않은 4번은 체력과 결단력이 부족하다. 수치심의 요소가 더해지면 현재 상황을 변화시키기 위해 어떤 것도 할 수 없다고 느끼게 된다. 이것 때문에 4번은 다른 사람들이 효과적으로 대응하기 힘든 절망감을 느끼게 된다. 당신이 만약 4번과 가까운 관계라면 그들을 도우려고 할 때 비슷한 절망함을 경험할 것이다.

스트레스를 받으면 4번은 두 종류의 행동을 취하게 된다. 자신을 근시안적으로 만드는 내적 풍경을 버리고 바깥에 집중하기 시작한다.

목사의 아내이자 세 명의 사춘기 아들을 둔 미셸(Michelle)은 자신이 어렸을 때 다른 사람들의 감정에 대해 지나치게 예민했었다고 말한다. 미셸은 스트레스를 받으면 생존 전략의 하나로 거의 어김없이 2번으로 옮겨갔다. 그녀는 이렇게 생각하곤 했다. '엄마한테 무슨 문제가 있나?' '아빠한테 무슨 문제가 있나?' '두 분이 대화하는 방식에는 문제가 없나?' '우리 오빠가 왜 저러지?' '내 남동생은?' '나한테 무슨 문제는 없나?'

보수적인 기독교 목사의 딸로서 미셸은 가족의 신학과 멋지게 보여야 할 필요에 의해 압박과 강요를 느꼈다고 한다. 자신에게 무슨 문제가 있는 건지, 아니면 주변 사람들에게 무슨 문제가 있는 건지 여러 모로 검토해 본 결과 미셸은 자신에게 문제가 있다고 결론을 내렸다. 왜냐하면 다들 똑같은데 자신만 달랐기 때문이다. 미셸은 대학에 가서야 멘토를 찾고 동성 친구들을 만나게 되면서 기분이 좋아지기 시작했다.

긍정적인 측면에서 보자면 4번은 2번의 행동에 접근하게 될 때, 그들의 관계에서 더 많은 보살핌을 받을 수 있다. 그들은 내면에서 무슨 일이 벌어지는지 인지하면서 더불어 자신들 바깥에서 일어나는 일까지 인식할 수 있도록 초점을 맞추게 된다. 그렇게 하는 것은 관계를 위해서도 좋다.

4번이 안전감을 경험할 때는 1번의 행동을 취한다. 그들은 더 잘 훈련되고, 더욱 더 생산적이며, 보다 창의적으로 된다. 1번이 4번에게 주는 최고의 도움은 감정에 대해 어떤 조치를 취하거나 그것을 표현하지 않고도 그것을 있는 그대로 느끼는 능력이다. 4번이 1번의 어떤 행동에 접근할 수 있을 때 그들은 다른 사람들과 관련하여 훨씬 더 성공적인 관계를 유지할 수 있다.

*   4번과 다른 번호들

1번은 종종 억압된 감정과 씨름하기 때문에 4번은 1번에게 옳고 그름이라는 이분법적인 사고 안에 갇히는 것과 정반대로 자신의 감정과 연결되는 법을 가르쳐 줄 수 있다. 1번은 4번에게 언제 자신의 감정이 참에서 벗어나 자기 방종으로 전환되는지 확인하는 법을 알려 줄 수 있다.

2번은 쫓아가고 4번은 달아난다. 그것은 관계 안에서 역기능으로 작용할 수 있다. 따라서 늘 조심해야 한다.

다른 사람들은 일주일 동안 경험할 감정을 4번은 한 시간 안에도 느낀다. 그들은 정말 다양한 감정의 변화를 겪는다. 4번은 모든 느낌에 주의를 기울이지만 3번은 감정을 보류한다. 둘 사이에는 다루어야 할 것들이 매우 많지만 중간쯤에서 합의점을 찾는 것이 좋을 것이다.

둘은 서로에게 선물과도 같지만 잠재적인 문제들이 있다. 버려질지도 모른다는 두려움은 매우 다루기 힘들 수 있지만 그것은 또한 서로가 서로에게 감사하는 경험으로 공유될 수도 있다.

5번에게는 공간이 필요하고, 4번은 친밀함을 필요로 한다. 그것은 우정과 다른 중요한 관계 안에서 해결되어야 할 것이다. 둘 다 정직한 주고받음을 잘한다.

4번과 6번은 양쪽 다 그 문화에서 제대로 이해받지 못한다고 느낀다. 서로 이해받지 못한다는 느낌을 피할 수 있다면 좋은 관계를 유지할 수 있을 것이다. 4번의 변덕스러운 감정에도 불구하고 충실한 6번 친구들이 자신 곁에 계속 머물 것임을 안다면 4번은 큰 위안을 받을 수 있다.

4번과 7번은 에니어그램에서 정반대의 위치에 있다. 그것은 좋은 잠재력을 가졌거나 굉장히 복잡할 수 있는데 그들이 무시하는 나머지 절반의 감정 범위에 대해 어떻게 공감하는가에 달려 있다. 7번은 4번에게서 감정의 어두운 측면에서 많은 좋은 일이 생길 수 있다는 것을 배울 수 있고, 4번은 7번에게서 즐거움을 환영하고 감사하는 법을 배울 수 있다.

4번과 8번은 이 세계와 그 안에서의 자신의 위치에 대해 매우 다른 관점을 가지고 있다. 하지만 만약 8번이 정서적으로 취약함을 드러내고 4번이 현실적으로 된다면, 둘은 흥미로운 관계를 구축할 수 있을 것이다. 그러려면 솔직한 의사소통이 필요하다. 사실 그것은 모든 좋은 관계에서 꼭 필요한 것이다.

4번에게 좋은 소식은 9번이 머물러 있다는 것이다. 종종 버림받을 것에 대해 걱정하는 4번에게 이것은 매우 위로가 되는 소식이다. 그러나 몇 가지 문제점이 있는데, 두 번호 모두 자신의 선택이나 개인적인 행동에 대해 책임지는 일에 약하고, 말로 표현하지 않는 기대를 가지고 있으며, 행동하는 것을 꺼린다는 것이다. 이것은 둘의 관계에서 다루기 힘든 문제일 수 있다.

 * 버려지는 두려움에서 걸어나오렴

당신의 가장 좋은 그것이 또한 가장 나쁜 부분이기 때문에 정말 좋은 것과 지나친 것 사이에는 미세한 차이가 있다. 어떤 번호들은 그것을 보다 잘 관리하지만 4번은 그로 인해 가장 많이 힘들어 하는 사람들 가운데 하나이다.

4번은 이야기나 상징, 전례, 예술, 음악 및 전통 등을 통해서 표현되는 최상의 의미를 찾아낸다. 우리 모두는 보통의 식사와 아주 살짝 다른 것을 제공하는 4번들을 알고 있고 그들의 이름을 말할 수 있다. 이 걸출한 족속들은 우리의 삶에 다양한 색깔과 깊이,

질감을 더해 준다. 이와 동시에 우리는 종종 4번에게 자리를 양보해야 할 것 같은 기분을 느낀다. 왜냐하면 그들은 항상 우리가 볼 수 있는 것보다 십여 개 이상의 층을 가지고 있기 때문이다. 이것이 흥미롭기는 하지만 관계를 찾고 구축하는 데는 종종 한계로 작용하기도 한다.

4번들은 종종 나에게 다가와 이렇게 말하곤 한다. "아무도 저를 이해하지 못해요." 몇 년 전 처음 가르치기 시작했을 때 나는 그들이 틀렸다는 것을 납득시키려고 애를 썼는데 이것은 나의 실수였다. 이제는 그런 말을 들을 때 이렇게 간단히 답한다. "그 말이 맞아요. 세상을 바라보는 당신의 방식을 이해하는 사람은 거의 없죠. 아마 그 생각이 당신이 늘 느끼는 현실일 겁니다."

해결책은 다소 복잡하다. 어울리기 위해 다른 사람들과 행동을 같이 한다는 생각은 분명 유혹이다. 하지만 이 갈망은 그들에게는 최대의 골칫거리이기도 하다. 왜냐하면 비록 다소 고립되고 혼자라는 느낌이 달갑지 않을지라도, 자신의 참 모습에서 벗어나는 것은 4번에게는 절대 용납될 수 없는 일이기 때문이다.

밥 딜런(Bob Dylan)은 아마도 완벽한 4번 유형일 것이다. 그는 자신의 재능을 세상을 이해하는 자신의 독특한 방식과 결합시켰다. 그래서 60년대 혼돈 속에서 몸부림치는 사람들을 격려하고 돕는 가장 아름답고 놀라운 가사들을 우리에게 들려주었다. 그의 노래 "포지티블리 4번가"(Positively 4th Street)에서 그는 4번의 외로움을 표현하면서도 동시에 4번의 진실성에 대한 신의를 기리고 있다.

> 단 한 번이라도 네가 내 입장이 되어 봤으면 해.
> 그리고 한 순간만이라도 난 네가 되어 봤으면.[10]

우리들은 대부분 밥 딜런과 실제로 연결되지는 않았지만, 여전히 그의 음악과 연결될 수 있는 방법이 있다고 생각한다. 그리고 그것은 4번과의 관계에 있어서 우리의 가장 큰 희망이 된다. 그들 역시 자기 자리에서 나와 우리와 연결될 수 있는 방법을 찾고 있다고 믿는 것이다.

4번은 종종 자신들이 맺을 수 없는 관계를 추구한다. 나는 그들이 도달할 수 없는 관계에 끌리는 방식이 일종의 잘못된 이해에서 비롯된, 어쩌면 자기 보호의 무의식적인 형태일 것이라고 추측해 본다. 만약 그들이 만날 수 없는 누군가를 쫓고 그 관계를 맺는 데 성공하지 못하면, 만날 수 있는 누군가와 관계를 맺기 원했다가 그들과 연결되지 못하는 것보다 덜 고통스러울 것이라고 믿는 것 같다.

나의 막내아들 비제이(BJ)는 4번 유형이다. 여덟 살 때 소년 소프라노였던 그의 꿈은 할 수 있는 만큼 많은 시간을 노래를 하면서 보내는 것이었다. 비제이는 텍사스 소년 합창단원으로 활동하며 그 특권을 누렸었다. 그 합창단의 40여 명의 소년들은 함께 공연을 했고, 같이 학교를 다녔으며, 함께 여행하고 함께 성장했다. 또한 서로에게 상처를 주는 약점들을 정확하게 알고 있었다. 비제이는 자신이 정말 그 무리 안에 속해 있다고 믿으려 애썼다. 자신이 가장 연결되기 원했던 친구들과 결코 관계를 맺지 못했기 때문이다. 어떤 면에선 그가 4번이기 때문에, 또 어떤 면에선 그가 비제이이기 때문에 소속감은 나중에야 찾아왔다. 하지만 관계 형성에 있어서 그의 가장 뚜렷한 한계는 내 손을 벗어난 사람들에게 중요한 사람이 되고 싶은 그의 완고한 갈망이었다.

비제이처럼 4번은 다른 어떤 번호보다 소속되고 싶은 갈망이 크다. 그리고 다른 누군가가 자신들을 완성시켜 줄 것이라는 환상을 가지고 산다. 종종 평균적인 수준이나 미숙한 상태의 4번은 가능한 현실로서 소속감을 경험하며, 관계를 맺고 있는 그 사람을 밀어냄으로써 관계를 방해한다.

평균적인 4번의 반응은 자신의 느낌이나 감정을 또 다른 수준으로 끌어들이는 것이다.

하지만 감정의 경계가 없는 것처럼 보이는 관계에서는 그것이 힘들다. 4번이 자신들의 감정(행복과 슬픔, 그리고 그 사이의 모든 감정)을 충분히 표현하는 법을 알지 못하면 그들과 관계를 맺고 있는 사람들은 뒤로 물러나거나 손을 놓아 버리는 경향이 있다. 안타깝게도 4번의 가장 큰 두려움은 버려지는 것이다. 따라서 사람들이 잠시 멈추거나 가버리는 것처럼 보일 때 4번은 자신이 사랑 받거나 좋은 관계를 누릴 가치가 없다는 믿음을 정당화하게 된다.

* 너의 독특함을 인정해

앞에 언급했던 내 친구 엘리자베스는 텍사스 오스틴에서 남편, 아이들과 함께 살고 있다. 엘리자베스는 초상화를 그리는 화가이다. 그의 화폭은 커다랗고 그리는 그림도 생동감 넘치는 컬러와 섬세한 디테일로 가득하다. 내가 잠시 어떤 그림 앞에 앉아 있을 때 나는 그림의 주제를 만난 것 같은 느낌이었다. 남편과 내가 엘리자베스의 전시회를 보기 위해 오스틴에 갔던 날 저녁, 나는 모든 벽마다 내 친구가 세상을 바라보는 관점이 걸려 있는 것 같은 특별한 경험을 했다.

갤러리에 들어섰을 때 우리는 환영 인사와 함께 '화가의 말'을 적은 안내서를 받았다. 안내 책자 맨 위에는 다음과 같은 말이 적혀 있었다.

우리가 사랑한 것을

다른 이들도 사랑할 것이다.

그리고 우리는 그 방법을 보여 줄 것이다.

- 워즈워스

다음은 엘리자베스가 그림을 그리는 동안 전 세계에서 벌어
지고 있는 일에 대한 그의 단상(그녀의 반응과 희망들)을 적은 글이다.

나의 작품은, 일반적으로는 종종 소용없는 것이긴 하지만, 완
전히 깨어 있기를 바라는 완전히 채워지지 않는 굶주린 갈망
을 말하고 있다. 내 주위에 무엇이 있는지, 그리고 누가 있는
지, -주로 아름다움을 찾으려는 갈망이지만- 화려하거나 예쁘
다는 의미에서의 아름다움만이 아니라 보들레르(Baudelaire)가
"천국의 특파원"이라고 표현했던 아름다움에 대해 깨어 있고
싶은 갈망이다.

자크 마리탱(Jacques Maritain)은 "우리의 사랑은 우리가 사랑하
는 것의 아름다움에서 비롯된다"고 말했다. 나는 내가 잠재
의식 안에서 짜 맞춘(나에게는 더 쉬운) 세상을 돌아다니며 사
랑하고 더 많은 영감을 얻는다고 생각한다. 패티 그리핀(Patty
Griffin)은 사랑의 종이 되는 것에 대해 노래하는데 이것을 얼
마나 강렬하게 느끼고 싶은지는 우리 모두의 선택일 뿐이다.

사랑은 아름다움 앞에서 더욱 쉬이 드러난다. 사랑이 쌓이고 있다면 우리는 영원과의 서신에 참여하고 있는 것이다.

그 작품 안에 필시 아름다움이 존재한다고 말하는 것이 아니다. 나는 다른 사람들 안에서 그것을 찾으려는 의도 자체가 아름다움의 현장이라는 것을 말하고 싶다. 사람과 사랑에 빠지려면 우선 그들의 아름다움을 인지해야 한다. 그리고 그 인식은 우리가 보려는 의도와 자질에 달려 있다. 우리는 다른 사람을 차지하기 위해 우리 자신을 먼저 사로잡아야 한다.

커밍스(E.E. Cummings)의 말처럼 "예술가가 된다는 것은 아무런 의미가 없는 반면, 살아 있는 자가 된다는 것, 또는 자기 자신이 된다는 것은 모든 것을 의미"한다.

나중에 엘리자베스와 만나서 위 내용에 대해 이야기를 나누었을 때 나는 이렇게 말했다. "모든 사람들이 그것을 원하는 것은 아니라는 건 알지?" 그리고 우리는 함께 웃었다.

4번이 관계 안에서 신뢰를 가지면 그들은 자신의 참 모습이 훼손되었다고 느끼지 않고도 자신의 독특함에 대한 당신의 인식을 수용할 수 있게 된다.

4번을 위한 관계

4번은 아름다움과 고통 중 어느 하나를 버릴 필요 없이 둘 다 가질 수 있는 재능과 은혜를 가지고 있다. 만약 당신이 4번이라면 어떤 중요한 면에서 무시되기 쉬운 결점이 있다는 생각을 받아들여야 할 것이다. 다음은 4번을 위한 몇 가지 제안들이다.

:   할 수 있는 것은…

- 자신을 아름다움으로 둘러쌀 수 있다. 하지만 항상 그런 것은 아니다.

- 고통을 해결하지 않고도 그것을 참아낼 수 있다.

- 예외적인 것에 대한 기대 속에서 평범함을 구하는 것을 배울 수 있다.

- 자신만의 이미지를 만들고 다양한 방식으로 자신을 표현할 수 있다. 하지만 모든 사람이 괜찮다고 생각하거나 이해하지는 못할 것이다. 그래도 괜찮다.

- 환상에 바탕을 둔 특별하고 예외적인 삶을 살 수는 없다.

- 당신이 가진 감정의 기복을 다 받아줄 사람은 그리 많지 않을 것이다.

- 당신이 관계에 넣으려고 하는 것을 똑같이 돌려줄 수 있는 사람은 한두 명밖에 없을 것이다.

:   **받아들여야 할 것은…**

- 사람들이 실제로 당신을 이해하고 그런 당신을 좋아할 수 있다. 그것은 당신이 사랑스럽고 있는 모습 자체로 충분하다는 것일 수 있다.

- 삶은 평범하다. 그래도 괜찮다.

- 완벽한 관계라는 것은 없다. 완벽함은 있는 그대로를 받아들이고

그것을 좀 더 나은 것으로 만들 수 있는 당신의 능력에 달려 있다.

- 대부분의 사람들은 당신이 하는 방식으로 진정성을 평가하지 않는다.

- 당신은 아주 많고 얕은 사회적 관계보다 적지만 깊고 의미 있는 우정을 쌓아갈 수 있을 것이다.

: 관계를 배우다

4번은 그들의 개인적인 관계에서 신뢰와 더불어 꾸준하고 흔들림 없는 관심을 필요로 한다. 그들은 당신이 관계 안에서 진실하기를 원한다. 가식이라고 의심되는 것이 조금이라도 있다면 당신을 믿지 못할 수도 있다.

그들은 일반적으로 많은 사회적 관계보다 서로 사랑을 주고받는 소수의 일대일 관계를 더 선호한다. 그들의 열정이나 강렬함을 피하지 않는 (실은 그것을 좋아하는) 사람들, 심지어 4번이 변덕스러울 때도 침착한 사람들, 그리고 상호성을 구축하는 사람들은 4번을 멋진 친구로 여기게 될 것이다. 다음은 그들과의 관계에서 명심해야 할 몇 가지 사항들이다.

- 당신이 할 수 있는 것보다 또는 다룰 수 있는 역량보다 더 많은 것을 해야 한다는 압박감을 느낄 때 두려워하지 말고 4번에게 솔직하게 말하라.

- 4번은 독특해야 하고 참이어야 한다. 그것은 때로 약간의 타협이 필요할 수도 있다. 만약 당신이 그들의 스타일이 당신의 삶에 어떤 영향을 미치는지에 대해 솔직할 수 있다면 서로의 차이점들도 잘 해결될 수 있을 것이다.

- 4번은 자신이 가지고 있지 않은 것을 갈망하고, 그것을 편안하게 여긴다. 그것은 당신이 해결해 줄 만한 일이 아니다.

- 4번의 기분 변화가 당신에게 어떤 영향을 미치는지 그들에게 말해 주는 것은 매우 중요하다.

- 4번에게 "힘내"라고 말하지 마라. 그들은 대개 슬프지도 우울하지도 않다. 4번은 우울한 기분이 익숙하고 편안하다. 하지만 당신까지 그럴 필요는 없다.

- 만약 당신이 균형을 잡는 법과 우울한 시기가 찾아왔을 때 현재에 머무는 법을 배울 수 있다면 그것은 엄청난 선물이 될 것이다.

- 4번은 비난을 좋아하지 않는다(아마 우리 모두가 그렇겠지만). 그들이 너무 민감하다거나 과민반응을 보인다고 탓하지는 말라.

- 4번은 자신이 충분히 좋거나 마음에 든다고 느끼지 않는다. 그리고 당신이 자신들의 감정을 인정해 주길 바란다. 어떤 전제를 깔지 말고 그렇게 느끼는 것이 당연하다는 것을 인정해 주라. 그 순간에 자신을 보는 것보다 당신이 그들을 더 유능하고, 소중하고, 사랑스러운 존재로 바라보고 있음을 상기시켜 주라.

- 직장에서는 기대치를 분명하게 정해 준 뒤, 자기 일을 할 때 그들을 믿어 주라. 창의적인 자유를 주고, 그들의 강점과 능력을 인정해 주라.

- 개인적으로는 밀고 당기는 역학을 사용하지 마라. 그들이 자기감정을 처리할 수 있는 여지를 주라.

만약 그들이

일상적인 삶의 과제들과

세상에 존재하는 평범하고 예측 가능한

일상을 껴안기 위해 자신의 에너지를 사용한다면

그들의 관계 역시 증진될 수 있을 것이다.

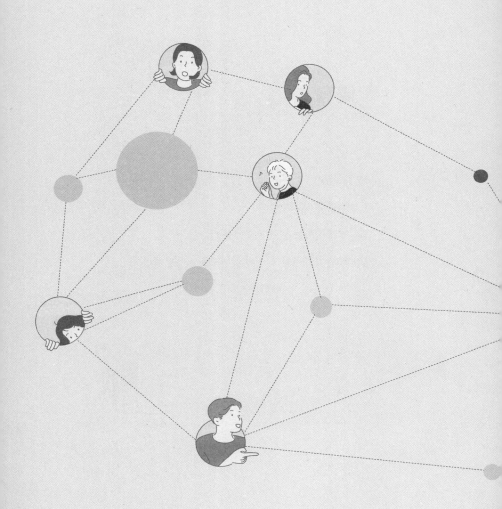

PART 3

머리형 또는 두려움형

두려움을 머리로 이기려는 이 사람,
어떻게 소통해야 할까

5번유형/ 6번유형/ 7번유형

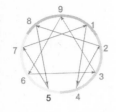

5번 유형 // 관찰자

'스케줄대로 움직여야 하는 엄마'와
'자유롭고 싶은 아들'

- 일과에 따라 사느라 사랑하는 것을 미루지 말라

하루는 식료품점에서 친구 캐롤린(Carolyn)이 음성 메일을 보냈다는 것을 알게 되었다. "안녕, 봤으면 했는데 못 봤네요. 나중에 다시 전화할게요. 좋은 하루 보내고."

캐롤린과 나는 48년 동안 친한 친구로 지냈지만 캐롤린은 연락하는 일이 드물다. 캐롤린이 우리 선교 센터에서 일하기 때문에 만약 일 문제로 전화를 했는데 내가 받지 못하게 되면 자세한 내용을 메시지로 남기곤 한다. 나는 이 짧은 음성메일을 다시 들어 보고는 어떤 일이 생겼음을 확신했다.

캐롤린은 나보다 열 살이 많다. 우리는 내가 대학에 다닐 때 처음 만났는데 지금까지 거의 15년을 함께 일하고 있다.

내가 전화를 걸었을 때, 캐롤린은 첫 통화음에 받았다.

"방금 메시지를 들었는데, 괜찮아요?"

"글쎄요, 알다시피 내가 몇 주 전에 의사한테 갔잖아요. 적어도 내 생각에는 괜찮은 것 같아요. 그때 의사가 나더러 유방 조영술 검사를 받으라고 했어요. 그리고 며칠 후 전화가 왔는데 의심되는 부분이 있다고 다시 검진 날을 잡으라고 하더라고요. 그래서 다시 갔는데 실제로 두 군데가 더 보여서 결론적으로 다른 검사를 더 해야 한다고 하네요."

캐롤린은 항상 사적인 이야기를 나누는 일에는 주저하곤 했다. 나의 어머니도 5번이셨는데 캐롤린과 성향이 비슷했다. 나는 종종 5번이 자신의 감정보다 다른 모든 감정까지 다루고 싶어 하지 않기 때문에 그러는 것인지 궁금했다. 그래서 내 딸들과 나는 항상 캐롤린의 삶에서 뭔가 이상한 김새가 있을 때 그것을 빨리 알아차리려고 그녀의 말을 주의 깊게 듣는다.

캐롤린의 이야기는 계속되었다. "당신과 몇몇에게만 말할 작정이었어요. 처음에 말했던 사람에게만 말할 작정이었죠. 전날 저녁에 조이랑 영화를 보러 가서 정말 즐거운 시간을 보냈는데 이 말을 하지 못했어요. 오늘 아침에 제니한테는 말했으니까 전화해서 알려 주는 게 좋을 것 같아요."

캐롤린은 내가 성인이 된 후로 평생 동안 가장 친한 친구로 지냈다. 캐롤린에게 비록 자매도 있고 조카들도 있지만 여태까지 혼자 살았기 때문에 우리는 캐롤린을 우리 가족의 일부라고 여겼다. 나는 캐롤린이 혼자서 검사하러 가는 걸 두고 볼 수 없어서 함께 가려고 했다. 알다시피 나는 2번 유형이다. 그래서 "알았어요, 내가 최대한 빨리 일정표를 보내 줄 테니까 다음 검사 일정을 맞추어 보도록 해요"라고 말했다. 나는 항상 캐롤린의 프라이버시와 공간에 대한 필요들을 존중해 주려고 노력하지만, 힘든 일을 혼자 직면하게 하는 건 바라지 않는다.

가끔 내가 함께 있겠다고 고집하면 캐롤린은 혼자가 아니어서 좋다며 함께 있어 주는 것에 대해 고마움을 표현한다. 하지만 이번에는 괜찮다면서 자신이 정말로 필요할 때 큰 도움이 되었다고 말했다. 나는 언제든 곁에 있어 줄 여력이 된다고 말했다.

"괜찮을 거예요. 정말 같이 안 와도 괜찮아요. 이제 일하러 가야겠네요. 사랑해요. 정말 사랑해요. 수잔, 사랑해요." 캐롤린이 내게 사랑한다는 말을 세 번이나 했다는 걸 깨닫고 나는 내게로 주의를 돌렸다. 그리고 내 삶에 캐롤린이 있어 얼마나 감사한지 모른다고 말해 주었다. 통화를 마치고 나는 식료품점으로 발길을 옮겼다.

무슨 일이 일어난 것일까?

- 이 이야기에서 당신은 누구와 더 동일시되는가? 그 이유는 무엇인가?
- 이와 비슷한 상황에서 친한 친구가 중요한 검진에 혼자 가려고 할 때 당신은 어떻게 할 것 같은가?
- 우정이라는 맥락에서 볼 때 두 사람 모두를 배려할 수 있는 해결책에는 어떤 것이 있을까?
- 에니어그램은 여기서 벌어지는 일을 어떻게 설명하고 있는가?

에니어그램은 우리가 위기에 처했을 때 이에 대처하는 예측 가능한 아홉 가지 방법이 있다고 알려 준다. 5번은 에니어그램의 왼쪽인 두려움형에 속해 있다. 그들은 정보와 지식을 수집함으로써 자신들의 두려움을 관리한다. 그리고 대개는 정보들을 신중하고 체계적으로 공유한다. 그들이 정보 가운데 일부를 숨기거나, 한두 사람에게만 자신의 감정을 나누거나, 생각으로 자신들의 반응을 관리하는 일이 일반적이다. 그들이 독특할 정도로 프라이버시나 독립에 대한 필요를 가지고 있기는 해도, 5번의 경계는 개인적인 정보의 교환을 허용하는 편이다. 단지 그들의 조건에 맞을 때만 그렇다.

내가 캐롤린이나 우리 어머니, 다른 5번 유형으로부터 알게 된 사실은 그들의 감정들이 대부분 누군가에게 나누어지기 전에 사고라는 과정을 거치게 된다는 것이다. 5번이 감정이 없는 것이 아니라 그것을 다른 누군가와 공유하고 말로 표현하기 전에 충분히 오래 붙잡아두려 애쓰는 것이다.

2번인 나의 경우는 감정을 마음속으로 키우는 편이다. 나는 나의 감정에 대해 일기를 쓴다든지, 다른 사람들에게 나눈다든지, 과거에 경험했던 느낌과 연결시킨다든지 하면서 감정에 아주 가깝게 다가선다. 하지만 캐롤린과의 우정에서 해결책은 중간에서 만나지 않는 것이다. 그것은 비현실적이고, 어찌 보면 진실 되지 않은 것처럼 들리거나 느껴질 수 있다.

우리가 떠안아야 할 과제는 서로가 각자의 방식대로 자기 삶을 꾸릴 수 있는 여지를 허용하고, 우리의 차이를 위한 공간을 만들 뿐 아니라 상대방의 필요를 존중하는 것이다.

* 철저하게 계획된 삶을 사는 이들

5번은 질문으로 삶에 반응한다. '이것에 대한 나의 생각은 무엇인가?' 그것은 적당히 훌륭한 반응이지만 삶이라는 것은 그 자체로 가끔은 생각과 함께 감정 및 행동까지 요구한다. 6번 및 7번과 결합된 5번은 거의 모든 것을 머리로 처리한다. 그들은 하나의 정답을 말해 주는 통합적 사고를 선호한다. 그리고 가능한 많은 소스(sources)를 탐구해서 나오는 창의적인 아이디어를 가능하게 하는 확산적 사고도 선호한다.

그들의 삶은 잘 계획되어 있어서 즉흥적인 것은 이들에게 편안하지도 관심을 끌지도 못한다. 그들은 대개 예측 가능한 일정표대로 움직이며, 필요에 의해서만 바뀌는 작업 루트와 잘 조직화된 달력을 가지고 있다.

이들의 일상적인 아침 일과는 다음과 같을 것이다. 매일 거의 같은 시간에 일어나서 이를 닦고, 부엌으로 가면서 블라인드를 열고, 커피를 내린 후 현관으로 가서 신문을 가져온 후 커피를 따라 마시며 토스트를 굽는다. 그리고 신문 앞면을 장식한 몇몇 기사를 읽고, 샤워를 하고 침대를 정돈한 후 옷을 갈아입고 거의 정확한 시간에 출근을 하러 집을 나서는 것이다. 이와 같은 일정으로 다른 사람들과 그들의 요구를 통합시키는 그들의 도전을 상상해 보라.

인간관계는 5번에게 위험 요소가 많은 것이다. 4번 날개를 가진 5번인 내 친구 니타 앤드류(Nita Andrews)는 이것을 다음과 같이 설명해 준다.

> 5번이 찾는 것은 측정 가능한 위험이에요. 예측할 수 있는 위험이죠. 그들은 물을 테스트하고 다시 테스트하죠. 저는 그것이 타고난 것인지, 그렇게 길러진 것인지 잘 모르겠어요. 뭐가 먼저인지는 잘 모르겠지만 저는 어렸을 때 외톨이였어요. 피아노 밑에 들어가 열쇠 아래쪽을 보고 있으면 마음이 편안해지는 걸 느꼈죠. 질서는 없지만 펠트와 황백색의 아이보리 패드가 보였죠. 20년 후 제가 처음으로 그린 그림도 피아노 밑의 풍경이었어요. 어렸을 때는 램프와 책, 종이 한 장을 가지고 그 밑에서 살다시피 했죠. 그곳은 나의 5번다움을 위한 요새와 같았어요. 저는 이미 피아노 밑에 물건들을 가져와서 안전하게 보관할 공간을 확보하고 있었거든요.

하지만 피아노 밑은 한 사람이 들어갈 공간 밖에는 없다. 안전하다고 여기는 공간에서 5번을 나오게 하려면 조건이 필요하다. 그래서 만약 5번과 시간을 보내기 원한다면 대개는 그것을 요청할 필요가 있다. 평균적인 상태의 5번은 당신의 요청에 대답하기 전에 먼저 신중하게 평가한 다음 거기에 필요한 시간과 에너지를 가늠해 볼 것이다.

5번은 종종 감정형(2번, 3번, 4번)에 의해 오해를 받는다. 그들은 관계에서 시간이나 에너지를 가늠할 필요성을 이해하지 못하는 사람들이다. 감정형 유형들에게 관계는 아주 자연스러운 것이지만 사고형 유형에게는 반드시 필요한 것이 아니다. 특히나 5번에게는 더욱 그렇다. 자신이 종종 오해를 살 수 있다는 것을 인지하고 있는 5번이라면 누군가를 알아가는 과정의 처음부터 자신들의 관점을 설명하고 그 필요들을 나누는 데 시간을 보내는 것이 좋을 것이다. 5번이 이 세상에 자신과 자신의 재능을 편안하게 제공하기를 바란다면 반드시 시간이 필요하다는 것을 이해할 필요가 있다.

독립, 사생활, 자기 보호. 우리 모두는 피하는 뭔가가 있다. 5번의 경우 다른 사람에게 의존하는 것을 피한다. 사실 그들은 독립을 과대평가하기 때문에 경계를 설정하고 유지하는 것은 그들에게 제2의 천성과도 같다.

이처럼 사생활과 독립성에 대한 높은 평가 때문에, 5번은 다른 사람들과의 상호작용에 있어서 용량의 한계를 가지게 되고, 이것은 관계에서 중요한 장애물로 작용한다. 이는 또한 그들이 제한된 양의 에너지로 애쓰는 성향이 있다는 것을 의미한다. 누군가를 알게 될 때 이것은 까다로워진다. 에니어그램에서 8번이 다른 번호에 비해 더 많은 에너지를 가지고 있고 9번은 가장 적은 에너지를 가지고 있다는 것을 떠올려 보라.

반면 5번은 매일 매일 할당된 일정의 에너지로 살아간다. 그날이 지나면 에너지도 사라진다. 이것은 마치 광야를 지날 때 이스라엘 백성들에게 공급되던 양식인 만나와 비슷하다. 그들은 그날에 필요한 양을 충분히 얻을 수는 있었지만 남은 것을 다음날까지 보관할 수는 없었다.

5번은 부족한 에너지를 관리할 수 있는 열쇠가 독립성에 있다고 본다. 이것은 참 아이러니한 일인데, 이에 대한 진정한 해결책이 상호의존성, 곧 참되고 실제적인 관계에 있기 때문이다. 하지만 진실한 만남에는 관계에 대한 이해가 필요하다. 그리고 이것은 대부분의 5번이 중년이 될 때까지는 가지지 못하는 것이기도 하다. 사실 5번이 다른 사람의 도움을 거리끼는 이유 가운데 하나는 그들이 상호작용을 과제로 여기기 때문이다. 좀 더 나이가 든 5번은 사람들과의 연결이 좀 더 쉬워지기를 바란다고 내게 말하곤 한다. 그들은 혼자만의 시간과 자신의 감정과 생각을 혼자 처리할 수 있는 공간을 필요로 한 것 때문에 인생에서 많은 것을 놓쳤다고 말한다.

우리가 사는 곳을 포함해서, 생계를 위해 하는 일, 날씨에 대해 생각하고 있는 것, 그리고 스포츠 경기에서 어떤 팀을 응원할지 같은 사회적 대화들은 5번이 아주 편안하게 여기는 주제들이다. 반면 그들의 개인적인 삶이나 적절한 때에 관한 견해, 또는 논란이 많은 주제들에 관한 이야기가 나오면 5번은 뒤로 물러서는 경향이 있다. 5번인 한 사람은 최근 나에게 이런 말을 했다. "저는 너무 많은 사람들에게 제 생각이나 개인적인 이야기를 하지 않습니다. 그것이 저의 사생활을 보호하는 것이라 생각합니다."

개인적인 것을 시시콜콜 말하려면 더 많은 에너지가 필요하고 이것은 또한 더 많은 질문으로 이어진다. 이 모든 것은 5번에게는 진이 빠지는 경험이다.

5번은 여러 가지 방법으로 자신들의 사생활과 독립성을 관리하는데, 어느 정도는 직관적이고 또 약간은 의도적이다. 어떤 5번인 사람은 내게 이렇게 말하면서 서로 영향을 주지 않도록 구분하는 것의 가치를 알려 주었다. "저는 저와 함께 일하는 사람들을 교회 사람들에게 소개하라면 좀 망설일 겁니다. 그리고 저랑 같이 운동하는 친구들이 저의 가족들을 만난 적도 없죠. 그들은 모두 다른 방식으로 저를 알고 있고, 저에 대해서도 다른 사실을 알고 있어요. 그리고 저는 그런 방식이 좋아요."

하지만 독립에 대한 강한 열망과 사생활에 대한 깊은 집념을 서로 맞추는 것은 인간관계에서는 힘든 일이 될 수 있다. 둘 다 소중한 것이지만 어느 한 쪽이 너무 과도해지면 문제가 생긴다.

결핍의 렌즈로 바라보는 삶

이것은 우리가 일상적으로 사용하는 단어가 아니다. 일반적인 용법상 탐욕은 욕심이 많은 것을 의미하지만 5번의 열정에서 보자면, 그것은 관계를 포함하여 삶의 요구를 충족시키기에 충분한 내적 자원이 없다고 믿는 것을 말한다. 그들의 욕심은 사생활과 독립에 대한 것이다.

우리가 에니어그램의 지혜로부터 알게 된 것은 우리의 열정이 곧 우리가 배워야 할 교훈을 가르쳐 준다는 것이다. 많은 관계들은 아이디어나 전문 지식을 교환하는 것을 중심으로 형성된다. 그리고 우리의 가장 가까운 연결들은 필요가 있을 때 다른 누군가가 그것을 충족시켜 준 결과이기도 하다. 그래서 스스로가 모든 것을 해결하겠다는 5번의 집념은 다른 사람들과 연결할 수 있는 그들의 능력을 저해시킨다. 5번이 자신과 다른 아이디어나 해결책을 귀 기울여 듣고 고려하게 될 때, 그리고 다른 사람의 도움을 받아들일 수 있을 때 그들의 관계도 향상될 것이다.

5번은 종종 결핍이라는 렌즈를 통해 삶을 바라본다. 그들은 자신들의 필요가 결코 다른 누군가에게 문제가 되지 않으려고 그들의 자원을 보류하고 있다. 하지만 이런 종류의 사고는 관계를 맺고 세워가는 데 방해가 된다. 당신의 필요나 요구가 당신을 사랑하고 아끼는 상대방에게 문제가 될 것이라는 생각은 전혀 사실이 아니다. 필요에 대한 취약성은 우리가 사랑을 배워가는 방법 가운데 하나이다. 그리고 그것은 반드시 양방향이어야 한다.

직장과 가정에서의 역할을 피하지 마

4번 및 9번과 더불어 5번은 행동이 요구되는 상황이 언제인지 인지하고 있다. 하지만 종종 자신이 그 행동을 해야 할 사람일 수도 있다는 것에는 눈을 감아 버린다. 무슨 일이 일어났는지 궁금해 하거나, 어떻게 해결할지 검토하거나, 사람들에게 아이디어를 제안할 수도 있다.

하지만 무엇인가를 하려고 주도권을 잡는 경우는 극히 드물다. 진취성의 부족으로 생기는 결과는 세상에 영향을 줄 수 있는 능력을 스스로가 억누른다는 것이다. 이런 악순환 때문에 5번은 자신들이 과정이나 결과의 측면에서 변화를 만들지 않거나 만들 수 없다고 믿는다. 그래서 행동을 취하지 않는다. 그리고 이런 소극적인 태도는 그들이 변화를 일으킬 능력이 없다는 잘못된 믿음을 더욱 강화시킨다.

이런 사고는 관계에 심각한 영향을 미친다. 5번이 직장과 가정에서 자신의 책임을 무시하고 종종 자신의 역할을 수행하지 않기 때문이다. 더 깊은 수준에서 보자면 5번을 사랑하는 사람들은 자신이 그들을 가장 필요로 할 때 그들이 우리를 대신해서 행동하기를 원치 않거나 할 수 없을 때 힘들어하게 된다.

　＊　스트레스와 안전감

　5번 유형이자 싱어송 라이터인 마이클 군고르(Michael Gungor)는 에니어그램을 다음과 같이 설명하고 있다. "에니어그램은 자리가 정해진 우편함 같은 것이 아니라 '당신이 맴도는 장소가 여기'라는 의미에 더 가까운 것 같아요. 스트레스가 당신에게 어떤 영향을 주는지 볼 수 있고, 스트레스를 완화하기 위해 무엇을 할 수 있는지 가능한 지표들을 볼 수 있죠. 그것은 특히나 관계를 형성하는 데 많은 도움을 줍니다."[11]

　나는 그가 말한 '당신이 맴도는 곳'이란 말이 마음에 든다. 에니어그램의 역동적인 성질을 잘 묘사해 주는 것 같아서다.

　5번은 스트레스와 안전의 움직임에 관한 한 에니어그램을 좋아하는 경향이 있다. 왜냐하면 스트레스를 느낄 때는 7번으로, 그리고 안전감을 느낄 때는 8번으로 이동하기 때문이다. 분명히 말할 수 있는 건, 이 움직임이 에니어그램에서 가장 이상한 이동이라는 것이다. 그리고 만약 그들을 이해하지 못하면 그들은 관계 안에서 큰 문제를 일으킬 것이다.

　5번이 자기 번호의 과잉된 특성을 보이면 그들의 세계는 점점

작아지고 줄어든다. 그러면 다른 사람들의 필요에 대해 신경을 더 안 쓰게 되고 사생활과 안전감에 대한 갈망이 압도적으로 커진다. 그리고 5번의 세계가 축소되면 본질적으로 다른 사람들을 받아 줄 자리는 없어진다. 5번 유형인 내 학생 중 한 명은 이렇게 말한다. "감정적으로나 기능적으로 제 역할을 못할 상황에 휩싸이면 전 그냥 자리를 피해요." 그러나 때로는 관계를 위해서 이런 경향에 저항할 필요가 있다.

스트레스를 받을 때 5번은 직관적으로 7번의 행동을 취하게 된다. 자의식이 강하고, 대부분의 시간을 자급자족하며 지내는 편이라 이것은 상당한 변화이다. 만약 5번이 부담감이나 압도되는 느낌을 받을 때 7번의 건강한 측면을 겨냥하는 법을 배운다면 다른 사람들의 생각에 기대거나 그들이 제시하는 길로 나아갈 약간의 자유를 찾을 수 있을 것이다. 그들이 자신들의 바깥에 초점을 맞춘다면 이 세상에서 더 재미있고, 덜 억압되고, 더 안락해질 수 있을 것이다. 그리고 다른 사람들과 함께하는 것이 더 편안하게 느껴질 것이다.

5번은 우리 나머지 사람들이 '썰렁한 유머'라고 부르는 것을 하는 경향이 있다. 때로 이 유머는 너무 냉소적이거나 풍자적이라 오해를 낳는데 특히나 감정형인 사람들에게 더 그렇다. 하지만 7번의 영향으로 5번의 유머는 다른 사람들과 연결될 수 있는 방법으로 부드러워진다.

　안전감을 느끼는 5번은 8번의 공간에서 적응할 수 있어야 한
다. 8번으로 이동한 5번은 훨씬 더 즉흥적이고 대담하게 말하며,
자신들의 느낌에 더 잘 연결되어 있으며, 행동에 대한 두려움이 덜
하다. 8번의 에너지를 즐길 때 5번의 삶과 인간관계는 더욱 많은
것을 제공하는 것처럼 보인다. 이 공간에서 5번은 다른 사람들에
게 더 많은 것을 투자하고 더 큰 것을 돌려받는다. 그리고 주는 것
과 연결하는 것에는 항상 큰 대가가 따른다는 근거 없는 믿음을 떨
쳐버리게 된다.

　5번은 현 상황을 그대로 유지하려는 경향이 있다. 그들은 변
화나 위험을 피하고, 바깥세상에는 제한적인 참여만 함으로써 자
신들의 두려움과 한정적인 에너지를 관리한다. 이런 선택은 7번
과 8번 양쪽의 에너지에 접근할 기회를 막아서 5번과 그들의 관계
에 손실을 줄 수 있다. 그들이 자발적이고 즉흥적인 것을 좀 더 편
안해 하고 약간의 위험을 감수할 수 있다면 자신들과 다른 사람들
에게 좋은 결과가 있을 것이다. 스트레스 번호로 이동하는 능력은
에니어그램 모든 번호들의 관계에서 좋은데, 특히 5번에게는 더욱
좋은 일이다.

*   5번과 다른 번호들

5번은 1번의 완벽함에 대한 욕구를 힘들어하는 경향이 있다. 1번의 비난이나 비판은 종종 5번에게 부적절하고 무능한 느낌을 준다. 하지만 1번의 기준은 5번의 능력에 대한 것이 아니다. 또한 1번은 5번이 지닌 객관성에서 정말로 많은 유익을 얻을 수 있다.

5번은 2번의 과장되고 요란한 애정에 쩔쩔맨다. 2번이 이 세상에 존재하는 방식은 5번에게는 에너지를 낭비하는 것처럼 보인다. 하지만 2번은 5번에게 아주 좋은 사회적 모델이다. 그들은 사람들로 하여금 자신이 필요한 사람이며 마음 편하게 느낄 수 있게 도울 수 있다. 그리고 5번으로부터 사적 영역을 존중하는 것을 배울 수 있다.

3번은 자기 삶으로 바쁘다. 그래서 5번에게 너무 많은 것을 요구하지 않는다. 하지만 3번은 이미지와 다른 사람들이 자신들을 어떻게 생각하느냐에 신경을 많이 쓰는 편이다. 그리고 이것은 5번에게는 주요한 관심사가 아니다. 5번이 3번에게 줄 수 있는 선물 가운데 하나는 물러나는 것의 가치를 가르쳐 주는 것이다.

아마도 에니어그램에서 가장 힘들고 어려운 성격 유형 조합은 5번과 4번일 것이다. 많은 면에서 반대의 성향을 가지고 있기 때문이다. 그러나 만약 5번이 4번의 날개를 계발한다면 머리와 가슴의 연결이 관계에서 진정한 자산이 된다는 것을 발견할 것이다.

5번은 또 다른 5번을 가장 편안해 한다. 그러나 그 연결은 사고에만 몰입될 수도 있다. 그들이 해결해야 할 과제는 사고와 감정, 행동을 함께 사용하는 것이다.

6번의 충성심은 5번에게는 선물이지만 5번이 지닌 사회적 불안은 낯선 영역에 있는 6번에 의해서 더 악화될 수 있다. 만약 5번이 6번의 불필요한 두려움에 대해 합리적으로 대응하고, 6번은 그들의 걱정스러운 상황에 대해 해결책을 짠다면 그들의 교환은 좋은 것이 될 것이다.

5번은 에니어그램에서 7번 및 8번과 선을 공유한다. 8번은 5번으로부터 물러섬, 관찰, 사고, 다시 연결됨의 가치를 배운다. 그리고 5번은 7번에게 참여와 관찰 사이의 균형을 찾을 수 있는 기회를 제공한다. 7번은 5에게 자신을 너무 심각하게 받아들이지 않는, 근심 없고 편한 마음을 알려 준다. 그리고 8번은 5번이 자신이 좋아하거나 원하는 것을 분명히 알 수 있도록 도와준다.

9번이 5번의 생각대로 따라가지 않는 것은 그것만으로도 힘든 일이 될 수 있다. 그러나 그것은 5번에게 좋은 것이다. 9번은 약간 횡설수설할 수 있지만 중요한 문제에서는 독립적인 사고를 하는 사람들이다. 그리고 그들은 5번에게 원하지 않는 일을 하도록 압력을 가하지 않는다.

* 더 이상 숨어 지내지 말라

5번이 관계를 가질 필요가 없다거나 관계를 원하지 않는다고 말하는 것은 틀린 말이다. 그들도 관계를 원하고 필요로 한다. 하지만 그들은 가족 이외에 단 한두 명의 친한 친구들과 있을 때 가장 편안해 한다. 사실 가끔은 사람들이 거슬리게 느껴진다.

몇 년 전, 아이들이 어렸을 때였다. 우리는 캐롤린과 함께 주말 캠핑을 갔었다. 집으로 돌아오는 길에 나는 백미러를 통해 캐롤린이 지치고 수심에 차 있는 모습을 보았다. 그래서 무슨 생각을 하고 있냐고 물었다. 캐롤린은 이렇게 대답했다. "솔직히 말하자면, 얼른 집에 가서 혼자 있고 싶을 뿐이에요."

내 생각에는 5번이 우리들과 마찬가지로 외로움을 느끼지만 연결에 대한 필요 또한 더 쉽게 충족되는 것 같다.

5번은 관찰보다는 기꺼이 참여하는 쪽을 선택해야 한다는 것을 명심해야 한다. 5번 유형인 한 목사는 이런 이야기를 했다. "목회에 대한 소명을 받고서 느낀 저의 도전은 현실 속으로 들어가 참여하는 것을 배울 때 어떤 식으로 세상과 맞닥뜨리느냐 하는 것이었어요. 인생의 후반에 접어들면서 저는 실제로 몇 번이나 외향적인 사람으로 오해를 받았어요. 아마도 제가 어떻게 현실에 동참하고 현재에 존재하는지 배웠기 때문이라고 생각해요. 대부분의 사람들은 제가 일에서 회복되어야 한다는 걸 모르는 것 같아요. 바로 다음 날 에너지 충전을 위해서 온 종일 혼자 보내는데 말이죠."

5번의 경우, 사람들과 관련된 것에는 비용이 많이 든다. 사람들을 만나고 그들과 시간을 보낸 후에는 하루 종일 혼자 지낼 필요가 있는데 5번에게는 드문 일이 아니다. 이 시간은 하나 이상의 목적을 위해 사용된다. 조직적인 사상가인 5번은 그들이 이미 진실이라고 붙잡고 있는 것과 관련하여 자신들의 경험을 처리할 시간이 필요하다.

내 친구 캐롤린은 대부분의 사회적 모임에 대한 생각을 좋아하지 않는다. 하지만 일단 거기에 도착하면 좋은 시간을 보내는 것 같다. 한번은 어떻게 그럴 수 있냐고 물었더니 이렇게 대답했다. "나한테는 마법의 방패가 있지요. 너무 불편하게 느껴지면 그걸 꺼내 들어요."

나는 캐롤린이 자신의 소중한 에너지를 쓰지 않고도 모임에 참여할 수 있도록 해 준 이 마음 이미지가 고맙다. 하지만 그 방패가 어떻게 작용하는지 궁금해졌다.

그래서 한 가지 실험을 해 보기로 결심했다. 나는 캐롤린에게 우리 교회의 친목 만찬에 참석해서 그 방패를 사용해 보라고 권했다. 그녀가 해야 할 일은 저녁 식사에 참석해서 음식 접시를 들고 식탁에 앉은 후 사람들과 함께 저녁을 먹고 집으로 가는 것이었다.

그리고 나서 사람들에게 캐롤린을 보았는지 물어볼 생각이었다. 캐롤린은 내 말대로 해 주었고, 나는 사람들에게 그녀에 대해 물었다. 결과는 단 한 명도 그녀를 보았다는 사람이 없었다. 캐롤린과 함께 앉아서 식사를 했던 사람들조차 그렇게 말했다.

그 이후로 나는 청중들 가운데 본 기억이 없는 사람들이 행사 때 질문하는 경우를 더 잘 알아차리게 되었다. 그런 사람들은 거의 항상 5번 유형들이다. 7명이 되었건, 700명이 되었건 5번은 어떤 모임에서도 숨을 수 있는 것 같다.

하지만 5번이 숨을 때 우리는 그들을 빠뜨리게 된다. 그들을 알아갈 기회도 놓치게 된다. 눈에 띤다는 것은 5번에게 아주 용감한 행동이다. 이는 다른 어떤 번호보다 용기가 필요한 일이다. 우리들 대부분은 자신이 쓰고 남는 것을 주지만 5번은 자신의 본질을 준다. 그럼에도 불구하고 그들은 알려지는 위험을 감수해야 한다. 그들은 관계에서 얻는 상호적인 유익이 개인적인 비용보다 훨씬 크다는 것을 확실히 알게 될 것이다.

* 모든 관계에는 문이 있다

케니(Kenny)는 나의 친구이자 영국 성공회 신부이다. 그는 오클라호마에서 5번으로 살아가며 성장하는 기쁨을 다음과 같이 묘사한다.

> 제가 어렸을 때 부모님이 주셨던 가장 큰 선물 중 하나가 바로 '월드 북 백과사전'(World Book Encyclopedias)이었어요. 매일 등교하기 전, 심지어 아침도 먹기 전에 철자를 골라 백과사전을 읽었죠. 그것은 제게 심미적인 경험이었어요. 정말 큰 기쁨을 느꼈어요. 제가 무엇을 배울 것인가와 관련하여 유대감 또는 공감대(일종의 내적 아름다움)가 있었어요. 초등 고학년이나 중학교에 갈 때는 어머니께서 화학 실험 세트를 사주셨어요. 저는 도서관에 가서 화학 실험에 관련된 책들을 빌렸죠. 아버지는 바틀스빌(Bartlesville)의 필립스 석유 회사에서 근무하고 계셨는데 저를 위해 연구실에서 사용하던 화학 약품을 가져다주곤 하셨어요. 그때 차고에는 저만의 화학 실험실이 있었어요. 정말 굉장했죠!

그는 이에 덧붙여 "오, 게다가 휴게소에서 지도들도 수집했네요"라고 말했다.

케니는 자신의 어린 시절에 대해 내성적이면서도 뛰어난 5번의 매력적인 면을 그렸는데 중요한 것은 내향적인 것과 접근하기 어려운 것의 구분을 이해하는 것이다. 5번은 관계와 그 순간에 대한 즐거운 호기심을 불러일으키는 뜻밖의 능력을 가지고 있다. 그들의 독립성은 통행할 수 없는 것처럼 보일 수 있지만 그 장벽에는 문이 있다.

5번을 위한 관계

에니어그램의 지혜가 우리에게 가르쳐 주는 것은 5번이 진정한 중립
을 지킬 수 있는 유일한 번호라는 것이다. 그것은 다른 사람들에게는
선물이다. 다음은 5번이 명심해야 할 몇 가지 사항들이다.

: 할수 있는 것은…

• 완벽하게 준비되지 않아도 남들에게 자기 모습을 드러내거나 알릴
  수 있다.

• 부드럽고 미묘한 친숙함으로 가득한 우정을 지속적으로 이어나갈
  수 있다.

• 자신의 에너지를 고갈시키지 않으면서 이 세상에서 존재하는 이성
  적인 방법을 찾을 수 있을 것이다.

• 당신이 잃을 수 있는 것보다 더 많은 위험을 감수하지 않고 친밀한
  관계를 이어갈 수 있다.

: **할 수 없는 것은…**

- 가끔은 다른 사람의 도움을 받지 않고는 당신의 삶을 살아갈 수 없을 것이다.

- 삶의 모든 분야에서 항상 유능한 사람이 될 수는 없다. 배움의 필요성은 무능이 아니라 경험 부족과 미숙함 때문이다.

- 당신이 약간의 개인 시간을 포기할 수 없다면, 자기 사생활을 조금 내려놓을 수 없다면, 그리고 사랑을 주고받을 수 있는 방법을 찾아내지 않는다면 건강한 관계를 맺을 수 없다.

- 모든 것을 아는 것은 불가능하다.

: **받아들여야 할 것은…**

- 인생의 계절이 바뀜에 따라 맺어야 할 관계도 더 많아질 수 있다는 것을 받아들여야 한다. 중년기에는 인생의 마지막 3분의 1에서 요

구되는 것보다 더 많은 것을 주어야 할 것이다. 그리고 은혜로 말미암아 당신이 필요로 하는 것을 가지게 될 것이다.

- 비록 당신은 감정과 행동보다는 생각하는 것에 더 많은 가치를 두지만 당신이 만나는 대다수 사람들은 전혀 그렇지 않다는 사실을 받아들여야 할 것이다. 다른 사람들과 연결되려면 당신의 생각을 감정 및 행동과 균형을 맞추는 작업을 해야 할 것이다.

- 외부 세계는 단지 정보를 수집하는 것 이상의 가치를 가진 곳이라는 사실을 받아들일 필요가 있다.

- 관계가 항상 당신 방식대로 되는 것은 아님을 받아들일 필요가 있다. 다른 사람들의 필요는 당신의 필요와 마찬가지로 실제적이고 분명한 것이다.

: 관계를 배우다

5번은 삶의 사건들을 그것이 돈이나 에너지, 시간, 사생활, 애정의 측면에서 얼마나 많은 비용이 드는지의 기준으로 잰다. 5번은 대개 무엇을 주어야 할지 모르기 때문에 망설인다. 만약 당신이 그것을 인식할 수 있다면, 그들이 요청받지 않은 무언가를 줬을 때 당신이 그것을 알아차렸다는 것을 알려줘도 된다. 다음은 5번과의 관계에서 유의할 사항들이다.

- 당신이 무엇을 원하고 필요로 하는지 분명하게 표현하라. 하지만 요구하지는 마라.

- 5번은 대화할 때 우리가 빗대어 하는 말이나 우회적인 제안을 잘 알아차리지 못한다.

- 5번과의 관계에서는 솔직담백해지고 직접적으로 대응하라. 하지만 너무 많은 말을 하지는 마라.

- 5번과의 관계에서 문제가 생겼으면 그것에 대해 의논할 시간을 함께 정하라. 당신의 걱정에 대해 생각할 시간을 주고, 그런 다음 대화 시간에 제한을 두라. 좋은 표현 방법은 다음과 같다. "내가 원하는 것을 당신에게 말하고 싶어요. 그런 다음 당신이 그것을 해줄 수 있는지 없는지 말해 주세요."

- 만약 당신이 5번과 관계를 맺고 있다면 그들에게 다른 사람들과 어울리도록 부담을 주어서는 안 된다. 그것은 자연스럽게 이루어지는

일이어야 한다. 그들은 강요를 받으면 잘하지 못한다.

• 5번은 이미 진행되고 있는 상황에서 자신의 자리를 찾는 데 어려움을 겪는다. 그때는 다음과 같이 말함으로써 그들을 도와줄 수 있다. "같이 앉으실래요? 여기 여분의 의자가 있네요." 그 다음에는 다음과 같이 소개해 주라. "자, 여러분, 이분은 우리와 함께 일하게 된 톰입니다."

• 5번에게 어떤 느낌이 드느냐고 물으면 그들은 느낌이 아닌 자기 생각을 말할 것이다. 그들과의 대화를 감정의 수준까지 끌어올리려면 인내와 끈기를 가져야 할 것이다.

• 무능함과 부적절함은 5번이 지닌 두려움의 핵심이다. 둘 중 어느 하나도 가볍게 다룰 수 없을 것이다.

• 5번이 매우 중요하게 여기는 것은 자신에 대한 기대를 아는 것이다. 그들은 세부사항을 좋아한다.

• 5번은 삶을 살아야 한다는 강한 열망을 가지고 있기 때문에 자신을 돌보는 일에 절대로 다른 누군가를 의존하지 않는다. 만약 그들이 당신의 돌봄이 필요한 위치에 있다면 가능한 말을 적게 하고, 조용히 보살펴 주라.

내성적이지만

다른 누구보다 독립적이고 싶은 당신,

정보와 지식을 쌓아

당신의 두려움을 없애는 대신,

다른 사람의 어깨를 빌려 보라.

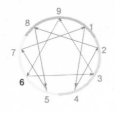

6번 유형// 의리파

'일어나지 않은 일을 걱정하느라
내일을 포기한 딸'

- 현재를 살라

내가 가장 좋아하는 두 명의 음악가와 좋아하는 사람들은 6번 유형이다. 질(Jill)과 다나(Dana)는 겉으로 보기에는 비슷하지만 실제로는 정말 다르다. 질은 음악가인 남편과 아름다운 세 자녀들을 데리고 내슈빌에서 살고 있다.

어느 날 오후, 질과 내가 그물망이 쳐진 베란다에 앉아서 차를 마시고 있을 때, 질은 내게 6번이 어떤 사람인지, 그리고 내슈빌 같은 마을에서 재능을 가진 예술가로 살아가는 것이 무엇인지에 대해 설명해 주었다.

> 이곳 사람들은 비전이 있어요. 그들은 각자 하는 일이 있죠. 저는 그럴 필요가 없기 때문에 내슈빌에서 6번으로 사는 것이 좋은 것 같아요. 나만의 비전이나 나만의 것을 가질 필요가 없거든요. 저는 다른 사람들 곁에서 그들의 비전을 지지하는 것이 기뻐요. 그리고 그렇게 한 뒤 무대를 떠날 때 엄청나게 행복하죠.
> 이것은 나와 남편이 발견한 후 수년간 인용해 온 데이비드 윌콕스(David Wilcox)의 말이에요. "팝 공연에 가면 가수들마다 자신이 우리와 다르고, 아주 특별하다는 사실을 관객들에게 납득시키려 애쓴다. 반면 포크송 가수들은 모든 사람들에게 우리가 다 똑같은 사람들이라는 사실을 확신시키려고 노력한다."
> 우리의 입장은 항상 우리가 똑같다는 것이에요. 우리는 특별하지 않고, 다르지도 않죠. 우리는 그냥 당신과 똑같아요. 그래서 제가 무대를 떠날 때 사람들이 제가 대단하다거나 멋지다고 생각하지 않기를 원해요. 저는 그들의 삶과 아이들에 대해 이야기할 수 있기를 바라고, 나에 대해서도 그러기를 바라

죠. 저는 정말 그들이 내가 자신들과 똑같은 사람이라는 것을 알기 원해요.[12]

자신의 일에 대한 질의 접근 방식은 다나의 방법과는 많이 다르다. 다나는 댈러스 시내에 위치한 큰 첨탑이 있는 교회에서 모든 연령대가 참여하는 합창단과 드라마를 총괄하는 음악 미술 디렉터로 일하고 있다. 다나에게 어떻게 그렇게 큰 책임을 맡게 되었냐고 물었을 때, 그녀는 밝게 웃으면서 당겨 앉더니 고등학교 때 합창단에 푹 빠지게 된 경위를 설명해 주었다. 합창단 지휘자의 격려로 다나는 이런 식으로 자신의 재능을 탐색하기 시작했고 놀라운 사실을 발견했다고 한다.

"얼마 지나지 않아 전 사람들이 자기 목소리를 찾도록 하는 일에서 즐거움을 느끼게 되었어요. 그리고 그들이 함께 더 나은 결과를 만들 수 있게 도울 수 있었죠. 게다가 문제가 생길 때 이를 재빨리 진단하고 해결하면서 합창단의 소리를 더 아름답게 만들 수 있다는 걸 발견하게 되었어요. 제가 리더이기 때문에 말 그대로 환경을 통제할 수 있었던 거죠. 저는 실내 온도가 제대로 맞추어졌는지, 좌석과 조명은 적절한지 확인해요. 그리고 음악은 잘 준비되었는지, 일정은 잘 짜였는지, 모두가 그것을 알고 있는지, 레퍼토리 선택은 적당한지 등을 살펴보죠. 그리고 정말 중요한 것이 있는데 관객들을 환영하는 마음가짐과 서로의 팀워크, 존중하는 분위기를 체계적으로 조성하죠."

이 두 여성은 모두 공연 예술가들이자 에니어그램에서 같은 번호이다. 그렇지만 미묘하긴 해도 중요한 면에서 서로 다른 모습을 지니고 있다.

무슨 일이 일어난 것일까?

- 질과 다나 두 사람 중에서 누구와 동일시되는가? 그 이유는 무엇인가?
- 팝 가수와 포크 가수의 차이에 대해 말했던 데이비드 윌콕스의 말을 떠올려 보자. 당신은 어느 쪽의 말이 더 공감과 수긍이 가는가? 그 이유는 무엇인가?
- 음악적 재능이 문제되지 않는다고 가정한다면, 다나의 합창단원이 되었을 때 무엇이 당신에게 위안이 될 것 같은가? 또는 무엇이 불편할 것 같은가?
- 앞의 두 이야기를 바탕으로 질과 다나의 차이점에 대해 어떻게 설명할 수 있을까?

6번은 두 가지 유형으로 나누어지는 유일한 번호다. 이 둘의 차이는 그들이 두려움이나 불안감에 어떻게 반응하느냐와 관련이 있다. 에니어그램의 지혜에 따르면 이것은 그들의 죄 또는 열정이라 말할 수 있는데, 두려움에 반응할 때 6번을 움직이는 동기는 안전하다는 느낌과 실제로 안전해지는 것이다.

* 개방된 공간과 안전한 장소를 위해서라면

6번은 두려움을 다루는 방법에 따라 두 가지 유형으로 나뉜다. 질은 공포형(phobic) 6번이다. 질은 우리가 더 큰 그룹에서는 서로 어떻게 다른가보다 어떻게 같은가에 더 초점을 맞추기 때문에 무리의 일원이 되는 것을 편안하게 여긴다. 질은 공통의 관심사를 중심으로 관계를 형성하는 데 흥미를 느낀다. 그리고 자신을 도드라지게 하는 것이면 뭐가 되었건 무시한다. 질은 누구든 상관없이 상대방과 친숙해지는 온화한 방법을 가지고 있다. 질은 익숙한 구조와 다른 누군가에 의해 사실로 입증되고 도입된 규칙들을 좋아한다.

반면 다나는 반공포형(counterphobic) 6번이다. 다나는 사람들이 모일 수 있고 안전하게 느낄 수 있는 장소와 구조를 만들어서 사람들에게 제공하는 것을 좋아한다. 다나는 모든 세부사항을 생각한다. 리더가 되는 것이 편안하고 공통점보다는 차이점에 관심이 더 많다. 다나는 사람들이 함께 일할 수 있도록 도와줌으로써 그들 사이의 관계를 구축하는 것에 흥미를 느낀다. 그리고 모든 사람들이 "무엇을 하고, 어떻게 하고, 왜 하는지" 알 수 있는 공동체를 체계적이고 조직적으로 만들어 낸다. 다나는 그룹 내에서 쉽게 눈에 띄며 누구든 상관없이 다른 사람들과 만날 수 있는 방법을 찾는다.

6번은 에니어그램의 어떤 다른 유형보다 그룹 활동에 더 많이 참여한다. 그들은 아홉 가지 성격 유형 중에서 공공의 선에 대해 가장 많은 관심을 가지고 있다. 그들은 우리가 소속된 조직들을 하나로 묶어 주는 접착제 같은 사람들이다. 그들은 사소한 갈등도 놔두지 않으며 이 그룹에서 저 그룹으로 이동하지도 않는다. 6번은 충성스럽고 지속적으로 자신의 역할을 해내기 위해 노력한다. 그리고 자신보다 더 큰 무언가의 일부가 되기를 원한다.

질과 다나는 둘 다 공동체를 만들고 있다. 6번들답게 그들은 모든 사람들을 위한 개방된 공간과 안전한 장소를 만드는 일에 헌신하고 있다. 하지만 이 목표를 이루는 방법은 미묘하지만 완전히 다르다. 질은 공동체가 이루어지도록 두고, 다나는 공동체를 만들어 낸다.

길을 잃을까 봐 두려워

각 유형이 지닌 열정(또는 죄)과 세상을 바라보는 방식은 너무 강해서 종종 그들의 선택을 좌지우지하기도 한다. 가끔은 그 열정이란 것이 단지 비생산적인 행동 양식의 명백한 표출일 때도 있다. 또 어떤 때는 모든 에니어그램 유형들이 그 열정 안에서 자기 자신을 잃기도 한다. 이 사실은 특히나 6번에게 매우 중요한 것이다. 그들의 열정인 두려움은 무수히 많은 방법을 통해 기하급수적으로 확대될 수 있기 때문이다.

각 번호의 관점에서 지역 및 전국 뉴스를 보는 것은 아주 멋진 연습이 될 것이다. 6번의 관점에서 그 모든 것을 받아들이려는 시도는 아주 강력한 경험이 된다. 6번에게는 모든 뉴스의 사건들이 위협의 요소가 된다. 그래서 계획을 세워야 할 필요성을 느낀다.

그것은 뉴스로만 끝나지 않는다. 상업적 광고들은 우리의 걱정과 불신을 이용하는데 이 모든 것은 6번에게 더 과장되어서 다가온다. 텔레비전 광고를 보고 있으면 내가 졌다는 생각이 든다. 우리 집에는 보플렉스(Bowflex) 운동기구가 없다.

우리 집 식기세척기는 언제라도 불이 날 것 같다. 욕실 샤워 문도 분명 매우 위험하다. 칫솔질을 배운 이후로 나는 잘못된 치약을 쓰고 있었다. 살을 빼긴 빼야 할 텐데 어떤 방법을 사용해야 할까? 뉴트리시스템(Nutrisystem), 웨이트 워처스(Weight Watchers), 오즈

(Oz) 박사의 2주 단기 프로그램, 제니 크레이그(Jenny Craig), 비스트로 엠디(Bistro MD)? 우리가 은퇴할 정도로 충분히 저축하지는 않았을 것이다. 흰개미가 우리 집을 안팎으로 갉아먹고 있다. 그리고 모든 돼지고기는 안 좋다. 아니 쇠고기 또는 닭고기던가? 게다가 유기농 야채는 유기농이 아니다. 와우!

우리 모두는 자신의 성격 유형과 관련하여 온갖 두려움을 경험하고 있다. 2번인 나는 사람들이 나를 원하지 않을까 봐 두렵다. 9번은 갈등이 생길까 봐 두렵다. 8번은 통제 당하게 될까 봐 두렵다. 하지만 6번은 두려움 그 자체에 사로잡혀 있다. 그들은 항상 이렇게 묻는다. "만약 ~한다면" 공포형 6번은 두려움에 굴복하는 경향이 있다. 그들은 공격적이고 자신감에 찬 사람들과의 관계에서 더욱 순응적이다. 반공포형 6번은 자신들의 두려움을 극복하려고 노력한다. 그들은 너무 많은 해답을 가지고 있는 사람들을 의심하며 자신만의 방법을 찾으려고 하는 경향이 있다. 대부분의 6번 유형들은 상황이나 환경에 따라 공포형과 반공포형이 둘 다 조합되어 나타난다.

공포형 6번인 어떤 사람은 자신의 유형을 이렇게 설명한다.

"저는 어릴 때부터 지금까지 평생을 두려움과 걱정으로 몸부림쳤어요. 침대에 누워서 다음 날 아침에 있을 시시한 축구 시합 때문에 걱정했던 게 생각나네요. 축구가 뭐라고요! 다른 아이들은 나처럼 느끼지 않는다는 것을 알았어요. 그들은 그냥 침대에서 뒹굴다 나와서 들판을 뛰어다녔죠. 재미있는 사실은 제가 항상 운동을 잘했다는 것이에요. 사실 정말 잘해서 수년 동안 체육 특기자 장학금을 받았어요. 제가 걱정했던 모든 것들은 단지 쓸데없는 에너지 낭비였던 것이죠. 시간이 지나면서 두려움을 다루는 데 조금 더 익숙해지긴 했지만 늘 제 곁에 있죠."

이제는 반공포현인 내 친구 셰릴(Sheryl)이 자신의 두려움을 어떻게 묘사하는지 보자.

"저는 대중들 앞에서 말하고 가르치는 것을 좋아해요. 저와 같은 방식을 가진 다른 6번도 알고 있죠. 우리가 비록 두려움을 느끼긴 하지만 그것은 보통 사회적 상황이 아닌 만약의 상황에 관한 것이죠. 우리 마음에서 쓰고 있는 시나리오들은 소설 같은 상황에서 무엇이 잘못될 수 있는가 하는 것이에요. 예를 들어, 만약 제가 가르치거나 연설을 해야 한다면 저는 철저히 준비해서 크게 염려하지 않을 겁니다. 그렇게 할 수 있다는 것도 알아요. 만약 준비할 시간이 별로 없는데 즉석에서 뭔가를 해야 한다면, 물론 하겠지만, 약간 걱정이 될 거예요."

둘 다 걱정을 하지만 공포형 6번은 그 걱정에 항복하면서 최악의 일이 생길 수 있는 모든 가능성을 상상하느라 길을 잃어 버린다. 반면 반공포형 6번은 최악의 상황을 예상하고 그 일에 대비한 계획을 짜는 데 에너지를 소비한다.

두려울 때 우리는 모두 통제의 필요성을 강하게 느끼지만 다른 번호들은 안전함을 느끼기 위한 동일한 필요를 가지지 않는다. 6번은 질서나 계획, 규칙 같은 것들이 어느 정도 안전을 제공해 주기 때문에 그것에 고마움을 느낀다. 우리는 혼란이 거의 또는 아예 없을 때, 그리고 삶이 순조롭게 돌아가고 일들이 우리가 생각하는 대로 되어갈 때 안정감을 느낀다. 하지만 관계는 우리의 생각대로 되지 않는다. 항상 순조롭게 흘러가기에는 너무 많은 변수가 있기 때문이다. 따라서 6번의 안전감에 대한 필요가 관계를 넘어서는 때가 종종 있다.

6번은 예측 가능한 것을 원하고 확실한 것을 희망하지만 둘 중 어느 쪽도 기대할 수 없다. 8번처럼 그들도 자신은 영향을 받지 않으면서 다른 사람들에게 영향을 끼치기 바라지만 그런 일은 거의 일어나지 않는다. 불안감을 해결할 수 없을 때 6번은 가끔씩 자신이 속한 조직의 신념 체계에 기대고 의지한다. 6번인 어떤 사람은 내게 이렇게 말했다. "저는 가끔 우리가 신뢰를 엉뚱한 곳에 둔다고 생각해요. 특히 우리가 생각하는 리더들이 우리를 돌봐주고 두려움을 덜 느끼게 해 줄 거라고 생각하죠. 그러고 나면 우리의 충성심은 그가 비록 잘못된 사람일지라도 신의를 멈출 수 없게 만들죠."

따라서 6번은 자기 삶의 경험을 신뢰하는 법을 배우는 데서 큰 유익을 얻을 수 있을 것이다. 그들은 자기 자신을 과소평가하는 경향이 있고, 이 때문에 다른 사람들에게 너무 큰 희망을 걸게 된다. 6번이 스스로를 믿지 못하면 모두에게 손해이다.

우리의 모든 관계를 고려할 때 분별력은 대개 더 신뢰할 만한 것이다. 에니어그램 유형과 상관없이, 우리가 길을 잃게 되면 그곳이 어디가 되었건 손해이다.

도전하고 싶지 않아!

6번은 일어날 수 있는 최악의 상황을 상상하고, 그에 대한 계획을 세움으로써 불안감을 관리한다. 그들은 안전할 수 있도록 잘못될 수 있는 모든 것을 인지할 뿐 아니라 그에 대비하려고 노력한다. 나는 6번인 친구에게 여행 같은 경우는 어떤지 물어보았다.

여행을 할 때는 정말 훌륭한 동반자죠. 계속해서 정보들을 스캔하거든요. 비행기를 어느 터미널에서 타야 할지, 지하철이나 버스를 타는 곳이 어디인지, 해외에서는 어떻게 은행이나 상점을 이용하는지에 대해 알려 주죠. 저의 거대한 더듬이는 정보들을 포착하여 빠르게 분석한 후 문제들을 찾아내 해결하죠. 그래서 우리가 가야 할 곳으로 데려다준답니다. 스캔은 삶에 대한 습관적인 반응이에요. 6번은 항상 숨겨진 위험을 찾기 때문에 그것을 처리할 수 있어요.

다른 6번들은 자신에게 익숙한 장소로 여행을 떠난다. 그곳은 변수도 거의 없고 계획을 많이 세울 필요도 없다. 이들은 매 여름마다 같은 캠프장으로 가기도 있는데 거기서 가장 좋아하는 객실을 미리 선점할 수도 있다. 그들이 일단 자신이 사는 곳에 익숙해지면 -식료품을 사는 곳과 아이들이 놀기에 안전한 장소, 온 가족이 여가를 보낼 만한 곳 등- 그런 변수나 예상치 못한 변화들을 고려하지 않고도 자신들의 시간을 계획할 수 있다.

가족이나 친구들이 6번이 아니라면 새로운 경험과 모험을 즐길 때 안전이 최우선 관심사가 아닐 수 있다. 분명히 집을 떠나게 되면 모든 유형들이 각기 다르게 반응한다. 예를 들어 1번의 경우 휴가를 떠나면 대개 관계의 문제가 줄어드는 편이다. 휴가지에서는 좀 더 느긋하고 덜 강박적으로 되기 때문이다.

그러나 6번의 경우는 문제가 더욱 악화된다. 6번은 자신과 가까운 사람들과 관련해서 그들을 보호하는 것이 가장 중요하다고 내게 여러 차례 말하곤 했다. 그렇다면 그들이 보통의 루틴에서 벗어났을 때, 얼마나 과잉보호(공포형)를 하게 될지 알 수 있을 것이다. 집을 떠나게 되면 변수들이 많아지고 모르는 것이 너무 많기 때문이다.

반면 반공포형 6번은 당신이 두려움을 극복하려고 하지 않으면 그것을 참아내지 못할 것이다. 따라서 휴가는 대화와 소통을 가운데로 올릴 수 있는 훌륭한 무대가 된다.

반복적인 일상에서 벗어나라

6번은 자신들이 '억눌린 사고'를 한다는 에니어그램의 가르침 때문에 힘들어한다. 그 말이 어떻게 사실일 수 있는지 상상조차 할 수 없다. 왜냐하면 에니어그램에서는 그들이 항상 생각하고 있는 것처럼 보이기 때문이다. 하지만 그들이 생각하는 것들 대부분은 생산적이지 않다. 그들의 생각은 행동이나 통찰력으로 옮겨가지 않는다. 내가 알고 있는 반공포형 6번이자 은퇴할 때가 가까운 성공한 임원 한 분은 이러한 종류의 사고에 대해 다음과 같이 설명한다.

우리는 실제로 머릿속으로 생각을 하고 있어요. 그건 제가 제일 좋아하는 일입니다. 저는 종종 "이것은 말이 안 돼"라고 말하는데 그 말은 제가 머리로는 그것을 완전히 파악했고, 그것이 앞뒤가 안 맞는다는 뜻이죠. 말이 되지 않는 것이 저나 다른 사람의 감정과 관련될 때를 제외하면 대개는 괜찮습니다. 저는 보통 안전하다고 느낄 때, 이를테면 문제를 일으킬 소지가 없다거나 있을 수 있는 결과들을 예측할 수 있을 때만 움직입니다.

때로는 생각을 너무 많이 하는 게 질려서 충동적으로 행동하기도 하죠. 저는 생각을 멈추게 하는 방법 가운데 하나가 행동을 취하는 것이라는 것을 배웠어요. 그렇게 하면 효과가 있는데 또 어떤 때는 안 통하기도 합니다. 그렇게 하는 것이 성급하고 신중하지 못한 행동일 수도 있어요. '더 충분히 생각했어야 하는데'라고 생각하기 때문에 그러는 게 싫습니다.

6번은 더 생산적으로 사고해야 한다는 말을 쉽게 받아들이지만 종종 어디서부터 시작해야 할지 모른다.

분명히 계획이나 일상, 예측 가능한 것에서 엄청난 편안함을 찾는 유형들이 있다. 하지만 그렇지 않은 유형들도 있다. 예를 들어 9번의 경우 아마 틀림없이 일상에 빠져서 무엇이 잘못될지 생각도 못한 채 그대로 머물러 있을 것이다. 반면 5번은 6번처럼 반복되는 일상을 좋아하는데 그것이 제한된 양의 에너지를 관리하는 데 도움을 주기 때문이다.

6번은 반복되는 일상을 좋아할 뿐 아니라 그 안에서 안정감을 찾는다. 하지만 그렇게 예측 가능한 삶을 싫어하는 유형은 어떨까? 몇몇 유형들은 6번이 안전을 원하는 만큼이나 자유를 필요로 한다. 관계에서 발생하는 많은 문제들은 안정감을 원하는 사람들과 자발적이고 즉흥적인 것을 즐기는 사람들 사이의 차이점에 그 뿌리를 두고 있다.

이 세상에서 정보를 모으기 위해 6번이 머리를 써서 생각하는 것은 아무런 문제가 없다. 문제는 그들이 너무 빨리 반응할 때 생기기 시작한다. 정보를 처리하기 위해 명확한 사고를 하지 못하게 되는 것이다. 6번이 불안과 걱정의 덫에 빠져들기 전에 잠시 멈추어서, 숨을 내쉬고, 다시 한 번 더 생각할 때마다 그들의 관계에도 좋은 것들이 채워질 수 있을 것이다.

6번은 불안해지면 이야기를 지어내고 자신이 만든 이야기에 반응한다. 6번과 같이 사는 사람들은 이런 패턴이 자신들을 꽤나 불안하게 만들 수 있다고 생각한다. 또한 6번은 반응하기 전에 기다리는 훈련을 위해서 반드시 의식적으로 노력해야 한다.

*　6번과 다른 번호들

　1번 유형은 충분한 만족함을 느끼지 못하는 사람들이라 이들과 관계를 맺는 6번의 걱정과 불안감은 종종 더 커진다. 둘은 이 필요에 대해 인지하고 논의할 필요가 있다. 그렇지 않으면 1번은 일을 완수하려고 노력하는 자신이 혼자라고 느낄 것이다.

　6번이 추구하는 것은 거의 항상 안전에 관한 것이다. 반면 2번의 목표는 항상 관계에 관한 것이다. 따라서 서로의 다른 점에 대해 솔직해지기로 합의할 필요가 있다. 게다가 6번은 2번이 자신들과 하는 일이나 다른 사람들을 위해 하는 일의 동기를 의심하지 않도록 주의해야 한다. 한편 2번은 6번의 불신에 초점을 맞출 필요가 없다. 그것은 골치 아픈 일이다.

　3번은 성공을 좋아하고 그것을 신뢰하는 반면 6번은 그렇지 않다. 6번은 종종 성공에 따라오는 걱정이나 불안에 대해서 3번에게 가르쳐 주어야 할 것이다.

　6번은 최악의 시나리오를 쓰는 반면 4번은 동경이나 그리움이 익숙하고 편하다. 4번은 가정이나 희망의 "만약 ~라면"의 생각에 휘말릴 수 있고, 6번은 '만약 ~면 어쩌지?'라는 불안한 생각에 사로잡힐 수 있다. 그것을 조심해야 한다.

　5번이 모든 해답을 가지고 있지 않기 때문에 6번은 그들이 던진 모든 질문을 함께 해결해야 할 것이다. 양쪽 다 머리형에 속하고 공통점이 많기 때문에 생각하는 것에 더해 감정과 행동을 개발시키는 방향으로 나가야 한다.

6번끼리 만나면 한쪽은 겁을 내고, 상대방은 거의 항상 낙관적으로 반응하게 되는데 이것은 마치 시소를 타고 있는 아이들의 모습과 비슷하다. 매우 좋은 조합이다.

7번은 머릿속으로 보다 더 나은 미래를 상상한다. 6번은 머릿속으로 더 나쁜 경우를 상상한다. 둘 다 이 역학 관계를 서로에게 더 유리하게 이용할 수 있을 것이다.

6번이 보기에 8번은 '너무 빨리' 움직이는 것 같고 8번이 보기에 6번은 '너무 느리게' 움직이는 것 같다는 점에서 둘은 완전히 다르다. 그들이 공유하는 가치는 충성심이다. 하지만 6번은 가끔씩 잘못된 것에도 충성하기 때문에 조심할 필요가 있다.

6번과 9번은 각각 서로가 서로를 볼 수 있기 때문에 상당히 편안한 관계이다. 자신들의 목표를 설정하는 데는 각자가 책임을 져야 한다. 상대방의 제안이나 지시를 기다리는 것은 최선의 행동 방침은 아니지만 서로를 지원하는 일은 충분히 이루어질 것이다.

* 스트레스와 안전감
스트레스를 받을 때 6번의 첫 번째 반응은 뒤로 물러나는 것이다. 그런 다음 자신이 신뢰하는 사람들과 생각과 감정을 나누고 점검한다. 종종 스스로를 믿지 못하기 때문이다. 만약 당신이 스트레스를 받고 있는 6번과 관계를 맺고 있다면, 그리고 그들이 당신을 믿고 있다면, 자신들의 걱정에 적절하게 대응하려면 어떻게 해야 할지 물어 볼 것이다. 그러면 당신이 가지고 있는 최고의 해결책을 알려 주라.

하지만 그들이 당신의 조언에 따를지 말지는 크게 신경 쓰지 마라. 어떨 때는 따르겠지만 따르지 않는 경우가 더 많다. 6번은 거의 항상 자신만의 생각이나 계획을 가지고 있다. 따라서 그들이 다른 사람들에게 질문을 하는 것은 다만 자신이 이미 내린 결정에 그것이 부합하는지 아닌지를 보려고 정보를 모으는 것일 뿐이다.

어렸을 때 우리 가족은 종이를 작게 잘라서 크리스마스트리에 장식할 종이 사슬을 만들었다. 우리는 자른 종이 조각들을 풀로 붙여서 서로 맞물리게 한 후 사슬을 만들었다. 이것은 6번이 자신의 두려움과 기억, 과거의 상처, 실망들을 처리하는 방식이다. 6번이 만약 당신이 떠날까봐 두려워한다면 그들은 자신의 삶에서 일어났던 모든 것에 감정을 묶어서 버려지게 되는 두려움을 만들어 낼 것이다. 가끔씩 이 사슬의 무게 때문에 관계가 무너진다. 하지만 만약 6번이 이 패턴을 파악하게 된다면 그 일을 멈출 수 있다. 이것은 6번 자신과 그들이 사랑하는 사람들 모두에게 소중하고 값진 일이다.

6번이 스트레스를 받을 때, 그리고 그들의 걱정을 완화시키는 면에서 사슬이 제공해 주는 것들이 모두 고갈되면 그들은 3번의 행동을 취하게 된다. 그렇게 되면 그들은 스스로를 더욱 더 확신하게 되고 -그들 스스로 결정을 내리고 행동을 취한다. 그리고 차선책도 줄어든다- 그들의 선택에 대해서도 생각할 수 있게 된다. 6번이 자신이 최고이며 모든 일이 잘 되어간다고 느낄 때 -안전감을 경험하고 있을 때- 그들은 9번이 세상을 살아가는 방식에 접근하게 된다. 6번이 자신과 자신만의 삶의 경험들을 믿게 된다면 그것은 정말 아름다운 일이며 그들의 관계에도 매우 좋다. 6번이 이 공간에 있게 되면 모든 것이 잘 될 것이라는 느낌을 가질 수 있다.

* "절대 널 떠나지 않을게"

6번은 항상 자기 역할을 제대로 하려는 욕구에 충실하다. 하지만 가끔은 책임과 약속을 관리하는 데 필요한 시간을 과소평가하기 때문에 우선순위를 지키지 못하기도 한다. 따라서 뭔가를 약속할 때는 자신이 생각한 시간보다 두 배 정도 여유를 두는 것이 좋다. 그렇게 하면 자신이 가장 사랑하는 사람들에게 한 최우선적인 약속을 지킬 수 있게 된다.

6번이 힘들어하는 또 하나의 문제는 가장 가까운 관계에서조차도 상대방이 잘못한 일을 용서하고 깨끗이 잊지 못하는 것이다. 그들은 상처와 낙심을 기억함으로써 자기 자신을 보호할 수 있다고 믿는 경향이 있다. 따라서 용서하는 것이 자신들을 무력하고 취약하게 만들기 때문에 이를 힘들어 한다.

나는 6번들이 자신에게 상처를 주었던 사람의 흔적을 일기로 낱낱이 기록한다는 것을 들은 적도 있다. 어떤 한 여성은 달력에 고통스러웠던 결별 날을 적어 놓고 몇 년이 지나도록 그 달력을 보관했다고도 한다.

6번은 우리가 항상 관계에서 부족함을 느낄 수밖에 없고, 영원히 사람들에 대한 실망과 낙심의 문제를 해결해가야 함을 배울 필요가 있다. 비록 이것이 어떤 에니어그램 유형에게는 남들보다 더 어려울 수 있겠지만 우리 모두는 서로 용서하고 용서 받을 필요가 있다. 그것이 주고받는 것이다.

6번이 상대방을 믿기 힘들어한다는 사실을 이해하지 못할 바는 아니지만 관계라는 것은 신뢰 없이는 절대로 살아남을 수 없다. 자신이 사랑하는 사람들이 반드시 정직하고 충성 되며 믿을 만한 사람이 되어야 하는 것은 맞지만 6번이 해야 할 일은, 가끔은 신뢰가 선택이자 결정이기도 하다는 것이다.

몇 년 전 한 커플이 나를 찾아왔다. 그들은 관계에서 앞으로 나갈 방법을 찾고 있었는데 에니어그램이 도움을 줄 수 있을 거라 믿고 있었다. 그들의 관계는 곤경에 처했다기보다는 그냥 막혀 있었다. 그 여성은 이전에 다른 남자와 결혼한 적이 있었는데 전 남편이 너무 게을러서 자신을 방치했다고 말했다. 그래서 이혼을 할 때쯤에는 어느 누구도 믿을 수 없었다. 내 사무실에 같이 온 그 남성을 만나기 전까지는 말이다. 그들은 서로를 무척 사랑했고, 건강한 결혼생활과 행복한 가정을 이루기 위해 많은 노력을 기울였다.

하지만 그 여성은 불안정했고, 남편과 그들의 사랑을 마음 깊이 신뢰하지 못했다. 일주일에 두 번 정도는 남편이 자기를 떠나지 않을까 걱정했다. 물론 남편은 떠날 의사가 전혀 없었기에 자신이 그럴지도 모른다고 생각한다는 사실에 상처를 받았다.

그들의 이야기를 들으면서 나는 조와 나 역시 결혼생활 초기에 비슷한 어려움을 겪었다는 것을 그들에게 이야기해 주기로 마음먹었다. 우리에게 전환점이 되었던 사건은 조가 내 손을 꼭 잡고 이렇게 말해 주었을 때였다. "여보, 난 절대 당신을 떠나지 않아요. 난 지금 우리의 삶을 사랑해요. 진심으로 당신과 우리 아이들을 사랑하오. 난 여기에 있고, 전적으로 당신한테 헌신할 것이며 이 결혼을 지켜갈 거요. 다른 건 해줄 게 없소. 이 일은 당신이 마음먹기에 달려 있어요. 내 말을 믿거나 말거나 둘 중 하나를 선택해야 하오. 내가 달리 할 수 있는 일이 없구려."

나는 그 약속을 믿기로 결정했다.

  * 속도를 늦추고 함께 걷다

　내 남편 조는 구역 교인들이 대부분 6번 유형이라는 것을 알
게 되었다. 그 뒤 그들은 변화로 이끌 때 에니어그램의 지혜를 이
용했다. 예배당을 리모델링하거나 교회 부동산을 사거나 팔 때 그
는 6번이 시간을 필요로 한다는 것을 알고 있었다.

　6번은 우리가 속한 모든 조직들을 하나로 묶어 주며 사소한
문제들도 그냥 넘어가지 않는다. 그들은 공동체 전체의 이익을 위
해 자기의 역할을 해낼 때 행복감을 느낀다. 하지만 정보를 얻어야
하고 자신들에게 영향을 미치는 결정들에서 목소리를 내고 싶어
한다. 비록 6번이 많은 것들을 제공하지만 그들은 자기 자신을 믿
지 않기 때문에 실시간으로 자기 생각을 밝히는 일에는 주저하는
편이다. 그들이 자신이 들은 것을 처리하고, 물어보고 싶은 질문들
을 세심하게 작성하고 자신의 질문이나 관심사가 공동체 전체를
위해 값어치가 있는 것인지 평가하려면 시간이 필요하다.

　그래서 조는 모두의 유익을 위해서 모든 모임을 두 번씩 했
다. 두 번씩이라니. 이렇게 하자 6번들이 그 과정에 완전히 참여할
수 있는 기회를 얻을 수 있었다. 그래서 두 번째 모임이 시작될 즈

음에는 이 사람들이 사려깊은 질문을 던질 준비가 되어 있고, 의미 있는 관찰을 하게 되며, 머지않아 이루어질 결정에 대해 확신을 가지고 기여할 수 있게 되었다.

많은 사람들이 다른 유형보다 6번이 유독 많다고 믿기 때문에 때로는 빠르게 변화하는 우리 사회에서 그들의 수많은 질문들과 다양한 관심사를 수용하기가 어려울 수 있다. 하지만 6번은 공공의 선에 대해 가장 관심이 많으며 시간이 주어졌을 때 우리들 대부분이 놓치는 것들을 볼 줄 아는 사람들이다.

우리 모두는 6번의 눈을 통해 세상을 바라보고 속도를 늦춤으로써 유익을 얻을 수 있다.

6번을 위한 관계

우리의 관점을 바꿀 수 없다는 것을 명심하라. 우리에게 필요한 것은 그 관점으로 우리가 하는 것을 조정하는 것이다. 에니어그램의 다른 유형들이 6번처럼 두려움 때문에 몸부림치지 않는다는 것은 의심의 여지가 없다. 다음은 6번이 기억해야 할 몇 가지 사항들이다.

: **할 수 있는 것은…**

- 당신은 자신을 믿는 법을 배울 수 있다. 하지만 그러려면 연습을 해야 한다. 어떤 것들은 오직 경험을 통해서만 배울 수 있다.

- 당신이 내면에 가지고 있는 앎의 방법들을 신뢰하는 법을 배울 수 있다.

- 당신 몸에 귀 기울여 보라. 당신의 머리와 가슴은 당신에게 거짓말을 할 수 있지만 당신의 몸은 그렇지 않을 것이다.

- 다른 사람들이 당신이 속한 공동체에서 당신만큼 충성스럽고 신실할 것이라 기대할 수는 없다. 그들이 약속이나 책무를 다루는 방법은 당신의 권한 밖이다.

- 위험을 무릅쓰지 않고서는 주목 받을 수 없다. 어떤 사람들은 6번이 단지 섞이고 싶어 한다고 말한다. 내 생각에 그것은 사실이 아니다. 그들은 눈에 띄고 싶어 한다. 나는 당신이 주목받기를 원한다고 생각한다. 하지만 필요한 위험을 항상 감수하려고 하지는 않는다.

- 항상 안전하다고 느낄 수는 없다. 하지만 두려움이 제멋대로 바뀔 때를 알아차릴 수는 있다.

:   받아들여야 할 것은…

- 당신이 하는 일들이 잘 풀릴 것이라는 것을 받아들일 필요가 있다. 잘 풀리지 않더라도, 혹은 어떤 상황이 발생하더라도 그것을 잘 해결할 수 있는 방법들을 찾게 될 것이다.

- 당신은 두려움이 당신 삶에서 한몫 했다는 것을 받아들일 필요가

254

있다. 하지만 그것을 알아차리고 생산적인 사고를 통해 그 역할을
줄이는 일을 시작할 수 있다.

: **관계를 배우다**

6번과의 관계에서 가장 명심해야 할 것은 그들이 신뢰를 제일 크게
생각한다는 것이다. 그들은 신뢰할 수 없는 것을 막기 위해 경계선을
만드는 경향이 있다. 따라서 더 많은 정보를 얻기 위해 수많은 질문을
던진다. 그리고 제대로 된 종류의 정보를 얻게 되면 매우 안심하게 되
고, 그것은 더 큰 신뢰로 이어진다. 다음은 6번과의 관계에서 고려해
야 할 사항들이다.

- 6번은 참되고 진국인 사람들에 대해 깊이 감사하는 마음을 가지고
  있다. 그들은 겉모습을 믿지 않는다. 그들은 당신이 정말로 당신이
  말한 사람이 맞는지 확인하기 위해 지켜보고 있다.

- 6번은 최악의 시나리오를 짜며 위안을 얻는다. 그러므로 그들이 뭔
  가 잘못될 수 있는 걸 말할 때 진지하게 받아들여야 한다. 그들에게
  걱정할 필요가 없다든가 모든 것이 잘될 것이라고 말하는 것은 잘

난 척하고, 깔보며, 무시하는 느낌을 줄 수 있다. 하지만 최악의 경우보다는 가능한 최선의 결과에 초점을 맞추도록 하라.

- 6번이 자기 자신을 더욱 믿고 예측 가능한 위험을 더 많이 감수할 수 있도록 그들을 격려하라.

- 단순히 "자신을 더욱 더 믿어야 해요"라고 말하는 것은 그다지 도움이 되지 않는다. 만약 당신이 시간을 내서 그들이 자기 생각과 다른 누군가의 확인 없이 자신의 능력으로 해내었던 지난날의 경험들을 언급해 준다면 많은 도움이 될 것이다.

- 6번은 집에서 자신에게 정서적으로 주의를 기울여 주고 대화할 상대가 필요하다. 매일 삶의 소소한 것들을 함께할 파트너가 필요하다.

- 6번은 정서적으로 성숙하고, 정직하며, 지나치게 애정에 굶주리지 않은 친구들을 좋아한다.

- 6번은 종종 그들의 불안감을 혼자 간직한다. 그들은 대개 그것을 혼자서 처리하려고 애쓰기 때문에 다른 누군가에게 요란을 떨지 않는다.

- 6번은 자신을 향한 당신의 헌신에 대해 지켜보는 것이든 말로든 많

은 확신을 필요로 한다.

- 그들이 생각이 너무 많아질 때는 행동을 취할 수 있게 격려해 주라. 그들은 무언가에 대해 생각하는 것과 어떤 행동을 취하는 것을 혼동하는 경향이 있다.

- 그들과의 관계에서 얻을 수 있는 모든 좋은 점들을 언급해 주라.

- 그들이 묻는 모든 질문에 친절하고 사려 깊게 답하라.

7번 유형// 열정가

'즐거운 모험을 위해 사느라
오늘을 잊은 화가'

- 꿈과 행동 사이에서 필요한 균형을 발견하라

다린(Darrin)이 고등학교 2학년이었을 때, 그는 세 명의 친구들
과 함께 근처의 유명한 호수 공원에서 밤늦게까지 모험을 즐겼다.
옷도 제대로 걸치지 않고 청소년들이 마셔서는 안 될 술까지 마시
면서 웃고 떠들며 한바탕 놀았다.

다린은 항상 잡히는 아이들 중 한 명이었다. 사실 그의 부모
님은 종종 다린이 귀가하기도 전에 아들에 대한 전화를 받곤 했다.

조그만 마을에서 목사의 아들로 살아가는 일은 늘 그런 식이었다. 드물긴 해도 다린이 잡히지 않는 경우에는, 자신이 먼저 혼잣말로 털어놓곤 했다. 모험의 즐거움을 말하지 않는 것이 오히려 힘들었기 때문이다.

하지만 이번에는 다린의 아버지가 매우 슬퍼하셨다. 호숫가에서 신나게 놀았기 때문에 그랬다기보다 그 세 명이 자신의 교회에 출석하는 아이들이었기 때문이었다. 다린의 어리석은 선택과 깊이 반성하는 기미가 없는 것 때문에 갈등이 생겼고 둘은 대화를 중단하고 말았다.

다린은 사과하지 않았고, 그의 아버지도 꿈쩍도 하지 않았다. 다린의 어머니는 중간에 끼여서 이러지도 저러지도 못하고 있었다.

3-4일이 지난 후 다린의 엄마는 마침내 하교를 하고 야구 연습을 가는 다린을 붙잡았다. 그러고는 당장 교회로 가서 아빠한테 사과를 하든지, 아니면 타고 다니는 트럭의 열쇠를 내놓든지 하라고 말했다. 약간의 실랑이가 있고 나서 다린이 말했다. "좋아요. 갈게요. 하지만 왜 사과해야 하는지 이해할 수 없어요. 엄마도 알다시피 제가 아빠를 얼마나 사랑하는데요. 그리고 제가 고의적으로 아버지의 기분을 상하게 하거나 상처를 준 게 아니잖아요. 그런데 왜 제가 죄송하다고 말해야 하는 거죠? 그건 아버지한테 할 게 아

니죠. 그건 모두 저 자신과 친구들에게 해야 하는 거죠. 아무도 다치지 않았고, 그 어떤 피해도 입지 않았잖아요."

다린의 엄마는 그저 손을 내밀며 이렇게 말했다. "가서 용서를 구하든지 아니면 차 열쇠를 다오. 네가 지금은 사과해야 할 필요성을 이해 못 할 수 있지만 언젠가는 알게 될 거야. 이번 일을 연습이라고 생각하렴."

문으로 향하던 다린이 말했다. "시간이 별로 없어요. 빨리 끝내야 할 것 같네요."

이에 엄마가 쏘아붙였다. "넌 어떻게 재미없는 일은 항상 빨리 끝내려고 하니? 이제 놀랍지도 않구나."

몇 년 후 다린이 집을 떠나 대학을 다니고 있을 때 새벽 2시 30분에 전화가 울렸다. 다린의 엄마는 두근거리는 가슴을 부여잡고 수화기를 들었다. 다린이였다. 그는 엄마에게 일어나서 부엌으로 가 달라고 부탁했다. 말하고 싶은 것이 있는데 그래야 엄마가 잠을 완전히 깰 것 같아서라고 했다.

"다린, 내가 어떻게 잠이 안 깰 수가 있겠니? 괜찮은 거니? 무슨 일이야?"

"엄마, 사과에 대해 다시 한 번 더 가르쳐 주셨으면 해요. 아빠와 제가 호숫가 일이 있고 나서 서로 말을 안 했을 때 저한테 말씀해 주신 거 있잖아요. 지금 잘 기억이 안 나서요. 도움이 필요해요.

분명 확신하건데 지금 당장 사과하지 않으면 트레이시(Traci)가 저랑 헤어질 것 같아요. 제가 뭐라고 말해야 할까요? 어떻게 말을 꺼내야 하죠?"

무슨 일이 일어난 것일까?

- 이 이야기에서 누구의 모습이 자신과 가장 비슷하다고 생각하는가? 다린, 그의 아버지, 아니면 어머니? 이유는 무엇인가?
- 당신은 왜 다린이 자신의 행동이 다른 사람들에게 부정적인 영향을 끼쳤다는 것을 깨닫지 못하고 있다고 생각하는가?
- 다린이 아버지에게 사과한 동기는 무엇이었나? 트레이시에게 사과한 동기는?
- 에니어그램은 여기서 벌어지고 있는 일에 대해 어떻게 설명하고 있는가?

다린은 에니어그램의 7번 유형이다. 모든 7번들을 움직이는 동기는 고통을 피하고 행복해지는 것이다. 미성숙하거나 평균 수준의 7번은 종종 자신과 다른 사람들 안에 있는 감정의 중요성을 무시한다. 그들은 세상을 놀이터로 보면서 이리저리 움직이고 삶을 즐기며 이 활동에서 저 활동으로 옮겨갈 때 가장 행복해 한다. 그들은 즐겁지 않거나 불편한 것은 뭐가 되었건 주의를 주지 않는다.

보다 가벼운 것을 선호하는 7번의 감정은 반쪽에 불과하다. 그리고 이것은 관계를 해치는 장애 요인이 될 수 있다. 중요한 사실은 이런 불균형을 심각하게 고려야 한다는 것이다. 만약 7번이 무겁고 슬픈 감정을 불편하게 느낀다는 사실을 기꺼이 인정하지 않는다면 많은 대가를 치르게 될 수도 있다. 좋은 관계가 구축되려면 건강한 대인관계라는 주춧돌이 필요하다. 따라서 다른 사람들의 의제와 감정들을 결코 무시할 수 없다. 이는 평균 수준의 7번이 저지르기 쉬운 실수이기도 하다.

감정을 적절하게 다룰 능력이 없거나 그것을 꺼리는 것은 문제가 된다. 사람들이 자신의 필요나 감정에 대해 7번에게 솔직하게 말할 수 없을 때, 그들의 억눌린 감정들은 대개 분노나 수치심, 두려움, 또 가끔은 억울함 등으로 표출되는데 이 모든 것들은 관계에 큰 손상을 입힌 다. 만약 7번이 감정에 관심을 기울이고 상대방의 감정을 꺼내게 한다면 가장 소중한 관계에서 생길 수 있는 많은 고통을 덜게 될 것이다.

* 생각한 다음 행동하라

7번은 전형적으로 에너지가 넘치고 매력적인 사람들이다. 하지만 때로는 자신의 매력을 과대평가할 수 있다. 그들은 특히 다른 누군가가 정한 한계들을 피하고 직접적인 대립을 꺼린다. 그들은 유머와 의도적인 훼방을 통해 거의 눈에 띄지 않고도 골칫거리로부터 벗어난다. 7번이 의무감을 느껴서 뭔가를 할 때는 딱 봐도 열정 없이 마지못해 한다. 하긴 해도 좀 더 유망한 미래의 사건을 기다리면서 자신의 에너지를 억누르는 것이다. 이러한 특징들은 다른 사람들과 문제를 일으킬 수 있다.

장로교 목사이자 작가인 미희 김 코트(Mihee Kim Kort)는 7번인 자신이 6번과 결혼해서 겪었던 어려움에 대해 나누어주었다. "남편은 규칙적인 생활을 해야 해요. 그래서 저도 따라하게 되었죠. 그렇게 하는 것이 아이들에게 얼마나 도움이 되는지 알거든요. 저는 일관성을 유지하려고 노력했지만 생각처럼 잘 되지는 못했어요. 저는 아이들의 수업이 끝나면 그들을 차에 태우고 날씨가 어떻든 간에 아이들이 느끼는 것을 따라갑니다. 운동장이나 도서관으로 곧장 갈 수도 있지만 가능한 한 오래 바깥에 머물려고 노력하죠."[13]

그런데 그녀는 밖에 있을 때 일종의 죄책감이 든다고 말했다. "어쩌면 아이들이 집에 와야 할 수도 있잖아요. 집에 와서 TV를 보면서 휴식을 취하고 스트레스를 풀어야 하는데, 전 제정신으로 는 집으로 곧장 갈 수가 없어요. 아이들에게 소리를 지르고, 수없 이 쫓아다니며, 이런저런 말로 달래야 하는 집안에만 갇혀 있는 건 정말 힘들거든요."

내가 아는 7번들은 모두 마음이 넓다. 그들은 관대하고 사랑 하는 사람들을 위해 기꺼이 희생하려 한다. 하지만 다른 어떤 번호 보다 자극에 대한 무한해 보이는 자신의 필요와 다른 사람들의 필 요 사이에서 갇힌 기분을 느끼는 것 같다. 자세히 들어보면 대다수 의 7번들이 이렇게 말하는 것을 듣게 될 것이다. "당신이 행복해지 는 것이라면 뭐든지 하고 싶어요."

이 말이 진심이긴 하지만 그들은 그 과정에서 자신을 잃고 싶 어 하지 않는다. 일반적으로 사람들은 7번들보다는 더 진지하게 관계를 받아들이며 7번에게 차였다는 사람들도 아주 많다. 그들은 7번이 가진 관계의 경계에 대해 오해하기 쉽다.

7번이 힘들어하는 제약 가운데 하나는 시간이다. 최근에 나는 어떤 7번 유형으로부터 이런 말을 들었다. "일주일이 이틀 정도 더 길었으면 좋겠어요. 딱 이틀만요."

그들은 자신이 계획했거나 하고 싶었던 일을 모두 해낼 시간 이 충분해 보이지 않는다. 그리고 아직 끝내지 못한 프로젝트들이 하나같이 시간이 만료되고 있음을 이들에게 상기시켜 준다.

7번은 생각한 다음 행동한다. 그러면서 감정에는 눈길조차 주지 않는다. 그들은 다른 사람들의 감정과 자신이 그 행동을 했을 때 어떤 결과가 따를지 깊이 생각하는 법을 배워야 한다. 그러고 나서 자신의 감정과 다른 사람들의 감정을 어떻게 다룰지도 배워야 한다.

내면의 공허를 채우기 위한 폭식

7번은 끊임없이 즐거움과 쾌락을 추구하면서 긍정적이고 자극적인 경험들로 자신의 삶을 간절히 채우고 싶어 한다. 간단히 말해서, 무엇이 되었건 자신을 더 기쁘게 해주는 것을 원한다. 이 것은 식탐과 폭음이라고 알려진 7번의 열정이기도 하다. 식탐이 비록 부정적인 의미로 사용되는 말이긴 해도 이 경우에는 더 많은 것을 향한 끊임없는 갈망이라 말할 수 있다. 우리는 모두 내면의 공허함을 채우려고 노력하는데 그것은 각기 다른 방식으로 이루어진다. 폭식과 폭음에 대한 논의에서 샤우나 니퀴스트(Shauna Niequist)는 그 사실을 인정하며 말했다. "저의 식욕에 관해 말하자면, 전 다른 사람보다 그것을 더 강하게 느끼는 것 같아요."

샤우나는 자신의 7번다움이 상대방과의 관계에서 어떤 영향 (좋은 면과 나쁜 면 모두)을 끼치는지 잘 인식하고 있었다.

제가 에니어그램을 좋아하는 이유 가운데 하나는 제가 7번이라는 것이 저의 가장 좋은 면들과 가장 나쁜 면들이 단지 아무렇게나 이루어진 조합이 아니라 서로 긴밀하게 연결되어 있다는 사실을 이해하게끔 해 주기 때문이에요. 그래서 저는 백만 가지 다른 일을 하기 좋아해요. 다양한 것들로 가득한 삶을 사랑하죠. 저는 일상의 반복이 끔찍하게 느껴져요. 그리고 모든 것이 특별한 일로 느껴지기를 바라죠. 저는 모든 것을 더 원해요. 그리고 재미있게 노는 일이라면 나를 좀 혹사시킬 수도 있죠. 제 주위의 사람들은 저의 열정에 떨어져 나갈 수도 있어요. 이런 것들을 서로 관련짓고 전체의 일부로 이해하는 것은 정말, 정말로 많은 도움이 되었어요.

반면에 제가 기분이 좋지 않거나 무슨 일이 있으면 -어떤 이유에서건 제가 가지고 있는 에너지의 반만 쓸 때는- 사람들이 그것을 알아차리고는 이렇게 말해요. "샤우나한테 무슨 일이 생긴 거야?"

사람들은 제가 가지고 왔으면 하고 기대하는 에너지의 양이 있어요. 지난 몇 년 동안 에니어그램을 배우면서 저는 제 전부를 가지고 온다는 것이 항상 가장 긴장된 상태로 오라는 의미는 아니라는 것을 이해하기 시작했어요.[14]

좌절감을 느끼거나 무언가가 필요하면 그들은 직관적으로 외적인 만족을 찾기 위해 움직이기 시작한다. 변화를 향한 그들의 여정에는 행동의 패턴을 바꾸고 안으로 방향을 돌리는 것도 일부 포함되어 있다. 이것은 7번에게는 효과적이지만 장난기 많은 7번의 에너지에 의존하게 된 사람들에게는 당황스러운 일이다.

내 머릿속의 마법의 방

비록 대부분의 성격 유형들이 방치된다거나 혼자 있게 되는 것을 두려워하지만 특히나 7번은 갇히거나 에워싸이는 것을 정말 무서워한다. 그래서 재구성을 통해 탈출로를 찾는다. 그들은 직관적으로 고통이나 실패의 감정을 거의 즉각적으로 다른 뭔가로 재구성한다.

큰아들 조엘은 고등학교와 대학에서 농구 선수로 활약했다. 조엘은 190센티미터의 키에 발 사이즈도 330센티미터다. 간단히 말하자면 조엘은 훌륭한 플레이메이커지만 빠른 선수는 아니다. 도약을 잘하지만 그리 높이 뛰지도 못한다. 고교 플레이오프 경기가 끝난 저녁, 조엘은 뒷 자석에서 큰 소리로 말했다. "엄마, 하프타임 되기 전 그 죽여주는 우리 덩크 샷 봤어요?"

"덩크 샷은 봤지, 그런데 '우리'가 누구니?"

"에이, 알잖아요. 우리 팀요."

'우리의' 멋진 덩크 샷을 했을 때 조엘이 벤치에 있었다는 것을 떠올리면서 나는 다시 한 번 알게 되었다. 7번 유형인 우리 아들의 생생한 상상력과 자신의 경험을 재구성해 내는 타고난 능력을 말이다. 7번은 슬픈 감정들을 쉽고도 빠르게 보다 긍정적인 것으로 바꾼다. 어느 정도 성숙하다면 자신들의 경험을 보다 편안한 무언가로 재편집하기 전에 슬픔이나 두려움을 자기 안에 담고 있을 수도 있다. 그러나 그때까지 그들은 슬픈 감정이나 부정적인 기분을 억누른다. 사실 그것들은 미래의 예기치 않은 시간에 다시 떠오르게 된다.

지금 일어나고 있는 일을 재구성하고 다시 이름 짓는 7번의 능력은 타고난 것이다. 그들은 어렸을 때부터 머릿속에 자신만의 마법의 장소를 가지고 있는데 그곳은 필요할 때마다 유용한 역할을 해 왔다. 조엘은 다섯 살 때 식스 플래그(Six Flags : 미국의 유명한 놀이공원)에서 길을 잃었던 적이 있다. "보안 센터에서 저랑 같이 있었던 경찰 아저씨가 다 괜찮을 거라고 말했어요. 전 그분을 믿었어요. 그래서 그냥 눈을 감고는 저의 다른 감각을 써서 제가 놀이기구들을 타고, 아이스크림을 먹으며, 여동생들과 재미있게 놀고 웃는 모습을 상상했어요. 솔직히 말하자면 정말 굉장한 시간을 보냈어요."

내가 아는 모든 7번들은 두려움이나 슬픔을 느꼈을 때 그보다 훨씬 더 멋지고 안전한 무언가로 시선을 돌렸던 자신만의 첫 경험에 대한 이야기가 있다.

하지만 이야기를 편집하고 다시 초점을 맞추는 일은 인간관계에서는 중요한 문제를 야기할 수 있다. 왜냐하면 다른 성격 유형들은 이런 마법의 선물을 가지고 있기 않기 때문이다. 다른 유형의 경우 삶에서 슬픈 일이 생기거나 위협을 느끼게 되면 7번과 전혀 다른 식으로 반응한다. 다른 번호들은 불만스러워하면서 7번이 부정적인 것을 긍정적인 것으로 재구성하는 것에 대해 미성숙하고 무책임하며 비현실적이라는 꼬리표를 붙일 수도 있다. 종종 그런 상황에서는 마치 부모와 아이의 관계처럼 보이기 시작한다. 이것은 양쪽 모두에게 실례가 될 수 있다. 유일한 해결책이 있다면 의도적인 선택을 통해 그 중간에서 만나는 것이다.

관계에 대한 집착

7번은 고통이라는 고통은 모두 피한다. 특히나 매일 반복되는 예측 가능한 일상에 갇혀 있는 고통이라면 더욱 그렇다. 해결할 수 없거나 통제되지 않는 정서적 육체적 고통에 대한 생각은 거의 참을 수 없을 정도다. 그리고 그들은 행복할 수 없거나 행복하지 않는 사람과의 관계에서 삶을 어떻게 꾸려가야 할지 알지 못한다.

7번은 에니어그램에서 5번 및 6번과 함께 두려움형에 속한다.

그들은 불쾌한 무언가에 의해 갇히는 것을 가장 두려워한다. 이 두려움을 다루는 그들의 방법 가운데 하나는 그들의 옵션을 열어 두는 것이다. 이것은 풍요에 대해 이해하는 그들의 방식 중 한 부분이다. 안정적이고 안전하며 균형 잡힌 일상생활이라는 것은 그들에게 아무런 흥미를 끌지 못한다.

그들은 심지어 일정에 없는 것이라 해도, 가능한 많은 활동에 참여하기를 원한다. 하지만 다른 사람들과 이런 활동을 하며 느끼는 즐거움은 그 활동이 채 끝나기도 전에 그 효과가 가시게 된다. 7번은 그 다음에 어떤 일이 벌어질지 생각하기 시작한다.

관계는 단순히 서로 연락하고, 잘 지내는 것뿐 아니라 보다 작고 덜 중요해 보이는 합의들에 대한 약속이 필요하다. 이를테면 시간을 잘 지킨다든지, 시작한 일을 마친다든지, 더 신나는 일이 있을 때조차 이미 잡힌 계획을 존중하는 것 같은 것이다. 7번이 일단 무엇에 빠져들면(그것은 자신들에게서 나온 생각이어야 한다), 그들은 올인(all in)한다. 문제는 다른 성격 유형들이 정의하는 '올인'과 그들의 올인이 같은 뜻이 아니라는 것이다. 생각해 보자. 1번과 8번에게 올인은 처음부터 끝까지 거기에 매달려 있는 것이다. 2번에게 올인은 감정적으로 몰입하는 것을 포함한다. 이것들은 관계에서 중요한 차이점들이다.

7번은 사랑하는 사람들과 관계를 맺는 것을 좋아한다. 그리고 관계가 끝날 때 비탄에 빠지거나 좌절한다. 관계가 끝나도 7번이 쉽게 극복할 것이라는 생각은 오해이다. 사실은 완전히 반대이다.

사실 누구보다 두려움이 많다

7번이 낙관론이 필요한 이유는 이 세상이 안전하고, 사람들은 선하며 자신들의 필요가 돌봄을 받을 것이라는 그들의 갈망과 직접적으로 연결되어 있다.

대부분의 7번들이 두려움이 없는 것처럼 보이기 때문에 그들이 두려움형에 속해 있음을 떠올리는 것은 쉽지 않다. 사실 그들은 쾌활하고 긍정적이며 재미있는 것처럼 보인다. 젊은 7번들은 가끔씩 이렇게 말한다. "어떻게 제가 에니어그램 6번 바로 옆에 있다는 거죠? 저는 6번 유형과 공통점이 전혀 없어요."

이에 대해 리처드 로어는 다음과 같이 말한다. "놀랍게도 낙관론과 비관론은 서로 멀리 떨어져 있지 않습니다. 둘 다 삶의 위험을 관리하고 나락에서 빠져나오기 위한 지적인 메커니즘이죠."[15]

최근 한 여성이 7번이 우리가 사는 세상에 줄 수 있다고 믿는 것을 말해 주었다.

저는 우리가 건강한 낙천주의가 필요한 시대에 살고 있다고 생각해요. 우리에겐 더 큰 꿈을 꾸는 것을 두려워하지 않는 약간의 몽상가들이 필요하죠. 저는 음치이거나 인종 문제 및 성이슈에 무지한 사람을 비판하거나 비난하는 첫 번째 사람이될 거예요. 하지만 동시에 저는 사람들이 공동체나 더불어 사는 삶을 위한 더 큰 비전과 우리 사회에 사랑이 번성할 때 그것이 할 수 있는 일에 대한 믿음을 빼앗기지 않았으면 해요. 이런 저를 너무 순진하고 피상적이라 생각할지도 모르겠지만 그래도 저는 희망과 기쁨의 가능성을 붙잡고 싶어요.

우리는 가끔씩 7번이 우리 공동체와 관계에 제공해 주어야 하는 좋은 것들을 놓치곤 한다. 왜냐하면 우리가 그들을 진지하게 받아들이지 않기 때문이다. 그들의 낙관주의는 우리에게 꼭 필요한 것이다.

* 7번과 다른 번호들

7번은 경계를 정하는 문제나 자기통제, 그리고 일을 완수하는 것과 관련하여 1번을 잘 관찰함으로써 많은 것을 배울 수 있다. 1번은 7번이 가진 근심 없고 속편한 태도와 자발성으로부터 유익을 얻을 수 있다. 이것은 정말 좋은 교환이다.

7번은 2번에 비해서 훨씬 더 많은 자유를 필요로 한다. 둘의 관계에서 2번은 더 많이 믿어야 할 필요가 있고, 7번은 자신의 계획을 공유하도록 노력해야 한다. 이를테면 어디에 있을 것인지, 무엇을 하고 있을 것이지, 언제쯤 함께할 수 있을지 등에 대해서 말이다.

7번과 3번은 서로 같다고 착각되는 차이점을 인식할 필요가 있다. 7번은 개인적인 선택이 제한되는 것을 좋아하지 않는다. 3번은 자신들이 얼마만큼 일할지 제약받는 것을 좋아하지 않는다. 이것은 약간 까다로운 문제라서 서로가 의도적으로 소통해야 할 필요성이 있다.

4번과 7번은 우리가 생각하는 것보다 더 비슷한 점이 많다. 사실 어렸을 때는 서로 구별하기가 매우 까다롭다. 하지만 그들 각각이 가진 정서적인 선호도 때문에 성인기에 이르면 반대의 모습으로 드러난다. 4번은 물 컵이 반이나 비었다고 보고 7번은 물 컵이 반이나 차 있다고 본다. 만약 그들이 서로의 다른 점을 극복하려고 노력하면서 그 차이점을 기꺼이 인정한다면 상대방을 통해 얻는 것이 많을 것이다.

7번과 5번이 그렇게 성공적으로 연결될 수 있는 이유 가운데 하나는 서로가 에니어그램에서 화살표를 공유하기 때문이다. 그것은 서로가 서로를 통해 자신을 볼 수 있다는 것을 의미한다. 둘은 모두 모험을 환영하고 반복되는 일에 쉽게 싫증을 낸다. 그것은 또한 서로가 멀어졌다가도 다시 돌아올 수 있는 좋은 공통점이 된다.

미래를 내다볼 때, 7번과 6번은 일반적으로 사물을 다른 식으로 바라본다. 7번은 원래보다 더 좋은 것을 상상하는 경향이 있는 반면, 6번은 그럴 거라고 생각되는 것보다 더 나쁘게 예측한다. 둘 다 미래에 대한 보다 균형 잡힌 시각을 통해 유익을 얻을 수 있을 것이다.

7번 유형들은 헌신이나 판에 박힌 일상, 예측 가능성을 우려한다. 7번과 다른 7번의 관계는 많은 한계들을 접하게 될 것이다.

7번은 생각하고 난 다음에 행동한다. 8번은 행동하고 난 다음에 생각한다. 둘의 관계에서는 이 역학을 주의해야 한다.

7번과 9번은 서로 독특한 유형의 균형을 제공해 준다. 7번은 선택을 좋아하고 9번은 너무 많은 선택권이 자신들을 질리게 한다고 생각하기 때문이다.

 * 스트레스와 안전감
7번이 가장 좋은 상태에 있으면, 희망의 대사들이 된다. 그들은 걱정이 없고, 관대하며, 배려심이 많고, 창의적이다. 우리는 모

두 그들의 눈을 통해 세상을 봄으로써 유익을 얻는다. 그러나 그들의 상태가 최악일 경우, 자기 의견만 고집하거나 완고해질 수 있다. 3번 및 8번과 더불어 그들은 자신들이 절대적으로 옳다고 확신할 때 틀릴 수도 있다는 것을 기억해야 한다.

특히나 삶이 스트레스로 가득 찰 때 모든 유형들은 그들의 성격과 연관된 과도한 행동을 보이게 된다. 우리 중 누구도 그러는 모습이 예쁘지 않지만 7번의 경우 자신들의 진정한 갈망을 약화시킬 가능성이 있는 산만한 활동을 한다. 고맙게도 스트레스를 받으면 7번은 1번과 관련된 행동으로 쉽게 접근하게 된다. 성숙한 면에서의 완벽주의의 영향으로 7번은 속도를 늦추고 그들이 언제 누구와 무엇을 할 것인지에 대해 더 잘 알아차릴 수 있게 된다. 덜 이기적으로 되며 자신이 시작한 일들을 끝낼 가능성이 높아진다. 그것은 그들에게 아주 좋은 이동이다. 그리고 특히 그들의 관계에 아주 좋다.

7번에 대한 공통적인 불만 가운데 하나는 그들이 끝까지 하지 않는다는 것인데 그렇게 하면 치유도 따라온다. 또 다른 불만은 7번이 세부적인 것에 주의를 기울이지 않는다는 것이다. 하지만 1번의 공간에 있을 때는 세부사항에도 유의하게 된다. 그리고 1번의 행동에 접근할 때는 적어도 한 번 정도는 꿈과 행동 사이에서 필요한 균형을 발견하게 된다.

7번이 더욱 더 안전감을 느끼면, 너무 많은 사람들과 더불어 너무 많은 활동을 하고 너무 많은 흥미를 가지는 것에서 한 걸음 물러나기 위한 모델로서 5번의 에너지와 행동을 사용할 수 있다. 그러면 한두 관계나 모임에만 시간을 내거나 또는 많은 것이 아닌 몇 가지 일에만 집중할 수 있게 된다. 여러 7번의 이야기를 들어보면 그렇게 할 때 가장 큰 만족감을 느낀다고 한다. 하지만 한정된 시간에만 그럴 수 있다. 어떤 7번은 내게 5번으로의 이동이 없다면 중요한 사람들과 귀중한 시간을 보낼 여유가 없을 것이라고 말했다.

차이점에 대한 인식은 우리로 하여금 다른 사람들로부터 무엇을 기대하고 무엇을 기대하지 말아야 할지를 알게 해준다. 이것은 정말로 좋은 것이다. 다른 사람들은 당신이 보는 관점으로 볼 수 없다. 나는 치유 공동체에서 가르치면서 상대방에 대한 기대는 예고된 분노라는 사실을 배웠다. 이 말을 명심하면 관계를 구축하고 유지하는 데 더욱 현명해질 수 있을 것이다.

＊ 관계의 문제는 저절로 해결되지 않아

7번은 항상 행복함을 느끼는 범위에 머물면서 감정을 억누른다. 무엇이든 최대한 재미있게 하려고 하는데, 다른 여덟 유형들이

전범위적인 감정을 다루면서 삶을 관리하는 것을 고려할 때 그것은 중요한 의미를 지니는 그들의 한계이다.

7번의 매력은 관계에서보다는 직업적인 면에서 더욱 효과적으로 드러난다. 그들은 상호의존적인 관계에서는 자신들이 CEO가 아니라는 것을 배워야 한다. 다른 사람들은 그들이 하는 말에 동의하거나 그들이 원하는 것을 행하지 않아도 된다. 그리고 상호의존성은 우리 모두에게 유익한 것이다. 따라서 7번은 직장과 가정에서 자신의 자아를 절제하는 법을 배울 필요가 있다.

7번은 자신들의 요구가 단순하고 적다고 생각하지만, 실제로 그들은 복잡한 요구를 지닌 복잡한 사람들이다. 7번 유형의 많은 이들이 상대방과의 관계에서 한때는 정말 너무나 좋았는데 어떻게 다음 순간 문제가 생겼는지 고심한다. 그들은 감정적으로 골치 아파지는 일들을 싫어한다. 그리고 인간관계는 모두가 알다시피 가장 골치 아픈 일 가운데 하나이다.

가끔씩 7번의 문제는 문제가 있다는 것을 인정하고 그것을 아는 것이다. 그러면 그것을 처리해야 하는 도전이 따라온다. 따라서 7번은 문제가 저절로 해결될 것이라는 희망은 제쳐 두고 그것에 대처하는 법을 배울 필요가 있다. 우리가 가장 사랑하는 사람들과의 관계에서 중요한 갈등이나 단절을 해결하려면 오랜 시간 지속되는 성숙함이 필요하다. 그러려면 많은 7번들이 더욱 발전하기 위해 노력해야 한다.

  * 나만의 방식이 존재해

　자신의 집에 사람들이 모이는 것을 좋아하는 샤우나 니퀴스트는, 팟캐스트인 "나에게로 가는 길"에서, 어떻게 에니어그램을 영적인 삶의 도구로 사용했는지 묻는 질문에 다음과 같이 대답해 주었다.

　　에니어그램의 영적인 면을 배우는 데 있어서 제게 가장 큰 도움이 되었던 것은 삶에서 4번의 방식으로 하지 않도록 스스로를 용납하는 것이었습니다. 저의 엄마 아빠가 모두 4번이시거든요. 두 분 다 내성적이세요. 부모님은 심오한 사상가들이면서 감수성이 뛰어나세요. 그리고 자연을 보면서 사색하는 분들이죠. 반면에 저는 천성적으로 파티를 즐기는 사람이에요. 사람들이 보기에는 아주 많이 덜 영적으로 보이죠. 하지만 가장 우선적으로는 제 스스로에게 사막의 신비주의자처럼 되지는 말자고 말하죠. 그리고 대신에 저의 가장 큰 재능인, 그것이 영적이든 아니든, 접대를 많이 하려고 해요.
　　제 생각에는 그것이 하나님이 제 삶을 사용하시는 방법인 것 같아요. 전 사람들을 대접할 때 과분할 정도로 큰 기쁨을 느끼거든요. 그렇게 하면 이유 없이 행복해져요. 제가 만약 얼마의 책을 팔게 된다면 "음, 기분 좋네"라는 정도일 거예요. 하지만 정말 의미 있는 저녁 파티를 하고 나면 "하나님은 살아 계셔. 그분은 정말 좋으신 분이야"라고 외치게 되죠. 그것은 정말 제게 의미 있는 것이에요.[16]

7번은 만족을 추구하기 위해 자신의 방식이 아닌 다른 길로 가는 것을 거부한다. 이는 만족감이란 것이 우리 안에 내재된 자신만의 독특한 가치를 인정할 때 얻어진다는 것을 모델로 보여 주는 것이다.

이런 종류의 독특함은 칭송되고 축하받아야 한다.

7번을 위한 관계

7번은 자신들이 가질 수 있는 것에 한계가 있다는 사실을 받아들이는 일에 다른 어떤 번호보다 더 많이 몸부림친다. 그리고 어떤 것들은 아무리 노력해도 가질 수 없다는 사실 역시 그들에게는 훨씬 힘든 도전이다. 내가 알고 있는 7번의 경우 묵상이나 향심기도(centering prayer)와 같은 관상 수련을 배우고 매진한 것이 큰 도움이 되었다고 한다.

: 할수있는것은…

- 당신은 언제든 마음먹은 대로 재구성하거나 재정의할 수 없는 현실의 고통 속에 머물 것이다. 그곳에서 반드시 배워야 할 것들을 배울 수 있다.

- 당신은 새로운 꿈을 꿀 수 있지만 그것이 항상 실현되는 것은 아니다.

- 풍요와 즐거움으로 가득한 삶을 살 수 있겠지만, 부족함과 고통을 같이 경험하지 않는다면 즐거움도 인식할 수 없을 것이다.

할 수 없는 것은…

- 당신은 반쪽 감정만으로 삶을 관리할 수 없다. 그리고 나머지 한 쪽
  도 충분히 계발시킬 수 있다.

- 가능한 다른 선택이 있으면 책임감 있게 행동하거나 신뢰를 주지
  못한다. 자신의 옵션 중 하나를 '믿을 수 있음'으로 만들 수 있을 것
  이다.

- 과도한 행동으로는 당신이 가고 싶은 곳에 갈 수 없다. 이 세상에
  존재하는 당신의 방법을 적당하게 조절할 수 있을 것이다.

: **받아들여야 할 것은…**

- 때로는 삶이 지루하다는 사실을 받아들여야 할 필요가 있다. 그리
  고 그것을 재구성할 다른 방법이 있는 것도 아니다. 당신은 그저 삶
  을 살아내야 한다.

- 관계라는 것은 즐거움을 위해 있는 것만큼이나 개인의 성장을 위해서 소중하고 가치 있는 것이다.

- 당신이 아주 많은 것들에 대해 흥미를 가지고 있기 때문에 깊이가 없을 거라고 사람들이 가정할 수도 있다.

- 당신의 행동이 종종 사람들에게 소외감을 느끼게 하는 동시에 매력적이라는 것을 인정하라.

- 고통스럽거나 사적인 감정들을 피하려 하는 것이 장기적인 관계에서는 잘 먹히지 않는다.

: **관계를 배우다**

나의 경험으로 봤을 때, 7번이 정말로 자신들에게 공을 들이기 시작하면 주변 사람들이 재빨리 알아채고 이렇게 말한다. "무슨 일이 있어요? 예전에는 정말 즐겁고 유쾌했잖아요."

7번을 사랑하는 우리는 그들이 우리가 요청한 것처럼 보통의 모습이나 적당한 행동으로 나타날 것을 기대하지 않도록 조심해야 한다. 다음은 그들과의 관계를 성장시키는 데 도움이 되는 몇 가지 사항들이다.

- 7번이 어떤 특정의 반복되는 일과나 일정에 전념하도록 하지 마라. 그들에게는 자발적이고 탄력적이며 유연한 것이 필요하다.

- 7번은 관계에서 상대방이 자신만의 에너지와 관심을 가지는 것을 원한다. 지속적인 우정을 위해서는 7번에게 의지하거나 의존하지 마라.

- 비판이 필요할 때는 부드럽고 간결하게 말하라.

- 7번에게 당신의 감정을 공유하고 싶다면 어떤 식으로든 나누라. 하지만 7번과 함께 당신의 감정을 처리하지는 마라. 그러고 싶으면 다른 사람과 해야 할 것이다.

- 7번은 사람들과 함께 있는 것을 좋아한다. 그리고 혼자만의 시간을 정말 소중하게 여긴다. 이 두 가지를 모두 다 충족시켜 줄 수 있다면 정말 큰 도움이 될 것이다.

- 7번에게 그들의 잠재력에 대해 말하는 것은 도움이 되지 않는다. 그들은 예상이나 기대에 잘 부응하지 않으며 가능성에 대한 어떤

이야기도 포장된 기대라고 느낀다.

- 당신이 7번에게 줄 수 있는 최고의 선물은 다양한 감정들을 충분히 받아들이고 경험하도록 격려하는 것이다.

- 7번 이외의 성인들은 대부분 어떻게 노는지를 잊어버렸다. 7번을 초대해서 잘 노는 그들의 재능에 대해 가르쳐 달라고 하라.

- 7번에게는 자신의 아이디어들을 자유롭게 표현할 수 있는 공간이 필요하다. 만약 당신이 다른 방향으로 가기로 결정했다 해도 그들에게는 정말 전혀 상관이 없다.

- 7번이 당신의 권한 안에 있는 무언가를 정말로 받고 싶어 할 때는 끈질기고 집요하다. 그것은 마치 닭들에게 쪼아 먹히는 것과 같다.

- 그들의 이야기에 귀를 기울이라. 이야기를 하는 것은 종종 그들이 자신의 감정을 나누고 표현하는 방법이다.

두려움을 피하기 위해

새로움만 추구하지 말라.

즐거움만이 아니라

스스로의 성장에 초점을 맞추라.

●

소중한 인간관계의 꽃을 피우기 위해 첫발을 내딛으라

아주 어렸을 때 나의 부모님은 2층 침실에 자그마한 도서관을 꾸며 놓으셨다. 그곳은 소아마비를 앓았던 캐롤(Carroll) 오빠의 방이면서 또한 돌아가실 때까지 할아버지가 머무시던 거처이기도 했다. 둘 다 침대에 누워서 생활했기 때문에 나는 그곳에서 두 사람의 사서가 되어 책을 가져다 주기도 하고, 그들이 읽어 주는 이야기에 귀를 기울이거나 그들에게 책을 읽어 주면서 즐거운 시간을 보냈다. 오빠와 할아버지는 둘 다 매우 아팠다. 솔직히 그때는 나중에 커서 사람들을 치유할 수 있는 책을 쓰고 싶었다.

같은 해에 나는 어른이 되어 결혼을 하고 아이들을 낳아 행복하게 살아가는 꿈도 꾸었다. 하지만 삶이란 그리 단순하지 않다. 조와 내가 결혼하려고 했을 때 나는 이미 한 차례 이혼의 아픔을 겪은 세 아이의 엄마였다. 조는 우리 아이들을 입양해 주었고, 우리는 네 번째 아이를 가지게 되었다. 우리는 어떻게 하면 함께 잘 살아갈 수 있을지, 서로를 더 많이 사랑할지, 더 잘 용서하고 서로에게 자유를 줄지 알기 위해 정말 열심히 노력했다.

우리가 함께했던 30년의 시간 동안 에니어그램을 배우고 알아왔다. 그리고 그것은 우리와 우리 가족에게 엄청난 변화를 가져다주었다. 솔직히 말해서 에니어그램 없는 우리의 삶은 상상할 수조차 없다. 하지만 그것은 단지 우리가 충분히 사랑받고, 용납받고, 안전감을 느낄 때 자기 자신이 누구인지 이해하고, 어떤 모습이 될 수 있는지 찾아갈 수 있게 도와주는 많은 방법들 가운데 하나일 뿐이다. 나의 바람은 당신이 에니어그램을 통해 매일의 삶과 인생에서 만나게 되는 사람들에게 사랑과 용납, 확신을 주는 것이다.

직장이나 가정, 교회에서 만나는 사람들 및 친구들과의 관계에서 보다 나은 모습으로 성장하기를 바라는 모든 사람들을 위해서 이 책을 썼다. 그리고 지나치게 단순화시키지 않으면서도 명확하게 표현하려고 노력했다. 나는 당신이 충분히 이해했으리라 확신한다. 심지어 좋아하지 않는 부분까지도 말이다.

나는 이 책이 당신의 관계에 변화를 가져오기를 원한다. 하지만 그것은 나에게가 아니라 우리 모두가 어떻게 하느냐에 달려 있다.

- 분노와 두려움, 수치심으로부터 우리의 관계를 보호해야 한다.
- 상대방이 생산적으로 사고하려고 노력하고, 의도적으로 행동하려고 노력하며, 깊이 느껴 보려고 애쓰는 모습을 보게 될 때 연민의 마음을 가져야 한다.
- 상대방이 우리와의 관계에서 어떻게 경험하는지 이야기할 때 진지하게 받아들이라. 그리고 나서 에니어그램이 그것에 대해 가르쳐 주는 것을 활용하라.

아마 우리가 충분히 건강하고, 충분히 성숙한 그 순간만큼은 우리가 좋다고 알고 있는 모든 것을 할 것이고, 할 수 있을 거라는 것에 모두가 고개를 끄덕일 수 있을 것이다.

PART 1

chapter 1

1. Brene Brown, "The Power of Vulnerability," TED Talk, www.ted.com/talks/brene_brown_on_vulnerability.

2. Nadia Bolz-Weber, "Find Power in Vulnerability: An Interview with Pastor Nadia Bolz-Weber, Enneagram 8 (The Challenger)," The Road Back to You podcast, episode 3, July 17, 2016.

chapter 2

3. "The Enneagram in Marriage with Andy Gullahorn, Enneagram 9 (The Peacemaker), and Jill Phillips, Enneagram 6 (The Loyalist)," The Road Back to You podcast, episode 29, March 22, 2017.

4. Chris Gonzalez, "The Enneagram and Therapy—A Dialogue with Chris Gonzalez,

Enneagram 9," The Road Back to You podcast, episode 24, January 18, 2017.

5. Mike McHargue, "Learning to Express Confidences About the Things You Believe: An Interview with Science Mike, Enneagram 9," The Road Back to You podcast, episode 5, July 26, 2017.

6. Gonzalez, "Enneagram and Therapy."

chapter 3

7. Christopher and Amanda Philips, "When Good Enough Is Never Good Enough: A Conversation with Christopher and Amanda Philips, Enneagram 1," The Road Back to You podcast, episode 12, September 21, 2016.

PART 2

chapter 4

8. Don Richard Riso and Russ Hudson, *The Wisdom of the Enneagram* (New York: Bantam Books, 1999).

chapter 5

9. Richard Rohr and Andreas Ebert, The Enneagram: A Christian Perspective (New York: Crossroad, 2001), 85.

chapter 6

10. Bob Dylan, "Positively 4th Street," Positively 4th Street, Columbia, 1965.

PART 3

chapter 7

11. Michael Gungor, "Finding Your Place in the World: An Interview with Michael Gungor—Enneagram 5 (The Investigator)," The Road Back to You podcast, episode 7, August 10, 2016.

chapter 8

12. Jill Phillips, "The Enneagram in Marriage with Andy Gullahorn, Enneagram 9 (The Peacemaker), and Jill Phillips, Enneagram 6 (The Loyalist)," The Road Back to You podcast, episode 29, March 22, 2017.

chapter 9

13. Mihee Kim-Kort, "Processing Pain Through Optimism—Insight to the Enneagram 7 (The Enthusiast) with Mihee Kim-Kort," The Road Back to You podcast, episode 25, January 25, 2017.
14. Shauna Niequist, "Savor Everything: An Interview with Shauna Niequist—Enneagram 7 (The Enthusiast)," The Road Back to You podcast, episode 6, July 27, 2016. Part of why: Ibid.

15. Richard Rohr and Andreas Ebert, *The Enneagram: A Christian Perspective* (New York: Crossroad, 2001).

16. Niequist, "Savor Everything."